Más Allá del Ruido: Reclama tu Calma Interior

Estrategias y Técnicas para Superar el Exceso de Pensamiento, Aumentar la Conciencia y Abrazar el Presente

Pensamientos Positivos

6. Meditación y Atención Plena

- La práctica de la atención plena

- Técnicas de meditación para principiantes

7. Respiración Consciente

- Cómo la respiración puede influir en tus pensamientos

- Ejercicios de respiración

8. Practicar la Gratitud

- Mantener un diario de gratitud

- Enfocarse en lo positivo

9. Limitar las Distracciones

- Eliminar distracciones digitales

- Crear un espacio de trabajo tranquilo

10. Establecer Límites

- Decir "no" cuando sea necesario

- Aprender a tomar tiempo para uno mismo

11. Ejercicio Físico y Movimiento

1. Introducción

- Definición de "Sobrepenar" "Sobrepenar" es el proceso de análisis excesivo, detallado y prolongado de decisiones, situaciones o problemas. Es como si la mente no pudiera desvincularse de un pensamiento en particular, girando en un ciclo continuo sin llegar a una conclusión o solución. En lugar de permitir un flujo natural de pensamientos, la persona se encuentra atrapada en un torbellino de suposiciones, escenarios de "¿y si...?" y situaciones hipotéticas. Este tipo de pensamiento puede involucrar eventos pasados (rumiar sobre lo que podría haberse hecho de manera diferente), preocupaciones sobre el futuro (ansiedad sobre lo que podría suceder) o incluso decisiones cotidianas aparentemente simples (como elegir qué ponerse o qué comer).

El Efecto de la Rumia Excesiva en la Salud Mental y Física El sobrepenar no es solo un problema mental; tiene repercusiones tangibles en la salud general de una persona.

Salud Mental:

- El sobrepenar puede aumentar los niveles de estrés y ansiedad. Una mente constantemente inundada de pensamientos puede mostrar síntomas como insomnio, irritabilidad y dificultad para concentrarse.

- Puede llevar a problemas como la depresión, la ansiedad y el trastorno obsesivo-compulsivo (TOC). La rumia continua y negativa puede disminuir el estado de ánimo y llevar a sentimientos de desesperanza y desesperación.

- Se ve comprometida la capacidad de tomar decisiones. Una persona que sobrepena en exceso puede encontrarse paralizada por decisiones, grandes o pequeñas, debido al miedo a cometer un error.

Salud Física:

- El estrés crónico causado por el sobrepenar puede tener efectos negativos en el cuerpo, como la presión arterial alta, problemas digestivos o un sistema inmunológico debilitado.

- La privación del sueño es un efecto secundario común del sobrepenar. La incapacidad de "apagar" la mente puede llevar a noches de insomnio, lo que a su vez puede provocar problemas de salud como la obesidad, enfermedades cardíacas y diabetes.

- La tensión muscular, los dolores de cabeza y la fatiga son otros síntomas físicos asociados al sobrepenar.

-

Salud Mental y Sobrepenar: Más Implicaciones
Fatiga Cognitiva: Aunque la mente humana es poderosa y capaz de procesar una enorme cantidad de información, hay un límite en cuanto a cuánto puede manejar sin consecuencias. El sobrepenar

puede llevar a la sobrecarga de información y la fatiga cognitiva. Esta agotamiento mental puede reducir la capacidad de pensar con claridad, afectando el aprendizaje y la memoria.

Autoestima y Sobrepenar: El sobrepenar a menudo implica dudas sobre uno mismo y una reflexión negativa sobre uno mismo. Con el tiempo, esto puede dañar seriamente la autoestima de una persona. Cuando una persona está constantemente preocupada por no estar a la altura o cometer errores, puede comenzar a dudar de sus propias habilidades, lo que lleva a una disminución de la autoconfianza.

Relaciones e Interacciones Sociales: La rumia continua también puede afectar las relaciones personales. Una persona que sobrepena demasiado puede volverse excesivamente crítica consigo misma y con los demás. Pueden comenzar a buscar signos de rechazo o desaprobación, incluso cuando no están presentes, comprometiendo la calidad de las interacciones sociales.

Salud Física y Sobrepenar: Implicaciones Prolongadas Sistema Cardiovascular: Si bien la ansiedad y el estrés son conocidos por aumentar la presión arterial a corto plazo, el sobrepenar crónico y el estrés prolongado pueden llevar a problemas a largo plazo como la hipertensión. Esta condición, si no se controla, puede aumentar el riesgo de enfermedades cardíacas y accidentes cerebrovasculares.

Sistema Endocrino: El estrés prolongado puede influir en el sistema endocrino, lo que lleva a la liberación prolongada de cortisol, la hormona del estrés. Un exceso de cortisol puede afectar el metabolismo, provocar aumento de peso, reducir la función inmunológica y aumentar el riesgo de enfermedades crónicas.

Salud Digestiva: La ansiedad y el estrés pueden alterar la función digestiva. El sobrepenar puede llevar a síntomas como náuseas, diarrea, estreñimiento y otros problemas digestivos. A largo plazo, esto puede contribuir a afecciones como el síndrome del intestino irritable o úlceras gástricas.

Salud Musculoesquelética: Como se mencionó, el sobrepenar puede llevar a la tensión muscular. Sin embargo, a largo plazo, la tensión crónica puede provocar problemas como dolor crónico, dolores de espalda y problemas de postura.

En conclusión, el sobrepenar no solo socava nuestra capacidad para funcionar mentalmente en nuestra mejor forma, sino que también tiene efectos tangibles en nuestra salud física. Comprender la amplitud de sus consecuencias puede proporcionar una mayor motivación para buscar estrategias y técnicas para abordarlo y superarlo.

2. Causas del Sobrepenar Eventos Pasados:

Nuestros cerebros tienen una capacidad natural para reflexionar sobre el pasado, ayudándonos a aprender de nuestras experiencias y tomar mejores decisiones en el futuro. Sin embargo, cuando esta reflexión se vuelve obsesiva y repetitiva, puede llevar al sobrepenar.

Trauma y Experiencias Negativas: Eventos traumáticos como accidentes, relaciones tóxicas o pérdidas significativas pueden dejar una impresión duradera en la memoria. Estos eventos pueden causar ruido mental, con la persona reviviendo constantemente el evento mientras intenta encontrar significado, explicaciones o soluciones imaginarias.

Remordimientos: Decisiones pasadas que llevaron a resultados negativos pueden convertirse en fuentes constantes de reflexión. Escenarios de "¿y si...?" pueden dominar la mente, impidiendo que la persona acepte el presente y avance.

Conflictos Interpersonales No Resueltos: Desacuerdos con amigos, familiares o colegas pueden ser causas del sobrepenar, especialmente si no se han resuelto ni se han discutido abiertamente.

Miedo al Futuro: La ansiedad sobre el futuro es otra causa común del sobrepenar. El deseo de controlar o predecir resultados impredecibles puede llevar a una rumia constante.

Incertidumbre: Vivimos en un mundo en constante cambio e incertidumbre. Preocupaciones sobre la estabilidad financiera, la carrera o la salud pueden desencadenar espirales de pensamientos ansiosos.

Altas Expectativas: Tanto las expectativas personales como las impuestas por la sociedad pueden crear presión. El miedo a decepcionarse a uno mismo o a otros puede llevar a una reflexión continua sobre escenarios futuros.

Evitación: El miedo también puede llevar a evitar ciertas situaciones. Esta evitación puede, a su vez, alimentar más pensamientos sobre lo que podría suceder si se enfrentara a la situación temida.

Perfeccionismo: El perfeccionismo es la búsqueda implacable de la excelencia, a menudo hasta el punto de la obsesión. Esta mentalidad a menudo puede llevar al sobrepenar.

Miedo a los Errores: Los perfeccionistas a menudo temen cometer errores. Analizan minuciosamente cada decisión, preocupados por las posibles consecuencias negativas, incluso si son mínimas.

Comparación: Los perfeccionistas tienden a compararse con otros, midiendo constantemente su propio éxito contra los demás. Esto puede llevar a reflexiones continuas sobre cómo mejorar o en qué podrían estar "fallando".

Autocrítica Excesiva: Incluso cuando un perfeccionista alcanza un objetivo, es posible que no se sienta satisfecho, centrándose en lo que podría haber hecho mejor. Esta autocrítica puede alimentar el sobrepenar y socavar la autoestima.

En resumen, las causas del sobrepenar son complejas e interconectadas. Reconocer estas causas es el primer paso para abordarlas y encontrar estrategias efectivas para manejar y reducir el sobrepenar.

Entorno y Contexto Social: El entorno en el que vivimos y el contexto social pueden impactar significativamente nuestros patrones de pensamiento.

Presiones Sociales: La sociedad moderna está inundada de imágenes de éxito, belleza y felicidad aparente, a menudo transmitidas a través de los medios de comunicación y las redes sociales. Estas representaciones pueden llevar a las personas a reflexionar sobre sus vidas, comparándolas con estándares a menudo poco realistas.

Cultura de la Multitarea: Vivimos en una era en la que a menudo se nos anima a hacer varias cosas al mismo tiempo. Esta sobrecarga sensorial puede llevar a la mente a una rumia constante, tratando de mantenerse al día con múltiples demandas.

Aislamiento Social: A pesar de nuestra conectividad digital cada vez mayor, muchas personas se sienten aisladas. La soledad puede amplificar los pensamientos internos, dando lugar a ciclos de sobrepenar.

Biología y Química Cerebral: No podemos ignorar el papel de la biología en el proceso de sobrepenar.

Química Cerebral: Los desequilibrios neuroquímicos, especialmente de neurotransmisores como la serotonina y la dopamina, pueden influir en el estado de ánimo y los patrones de pensamiento. Estos desequilibrios pueden predisponer a algunas personas a la ansiedad y, en consecuencia, al sobrepenar.

Estructura Cerebral: Estudios han demostrado que la actividad en ciertas áreas del cerebro, como el cíngulo anterior, puede correlacionarse con tendencias obsesivo-compulsivas, incluyendo el sobrepenar.

Genética: Aunque el sobrepenar como rasgo no se hereda directamente, una predisposición a trastornos del estado de ánimo o de ansiedad, que pueden llevar a la rumia excesiva, puede tener un componente genético.

Estilo de Vida y Hábitos Diarios: Nuestras rutinas diarias pueden influir directamente en nuestra propensión al sobrepenar.

Falta de Sueño: La privación del sueño puede afectar negativamente la función cognitiva, dificultando la regulación de los pensamientos y exacerbando el sobrepenar.

Estimulantes: El uso excesivo de cafeína y otros estimulantes puede aumentar la ansiedad y, en consecuencia, el sobrepenar.

Falta de Actividad Física: El ejercicio físico ayuda a regular los neurotransmisores y reduce el estrés. Un estilo de vida sedentario puede contribuir a una mayor incidencia de sobrepenar.

Estrés y Adaptabilidad: El sobrepenar también puede ser una respuesta al estrés.

Gestión del Estrés: Las personas que no han desarrollado métodos efectivos para manejar el estrés pueden recurrir al sobrepenar como mecanismo de defensa, incluso si es contraproducente.

Cambios en la Vida: Eventos significativos como el divorcio, la pérdida de trabajo o enfermedades pueden llevar a la rumia intensa y prolongada.

Identificar y comprender las causas subyacentes del sobrepenar es crucial. Solo reconociendo estas raíces podemos esperar implementar estrategias para romper estos ciclos y promover una mentalidad más saludable y centrada.

Aspectos Psicológicos Profundos: Los aspectos psicológicos subyacentes pueden arrojar luz sobre las motivaciones y mecanismos del sobrepenar.

Necesidad de Control: Psicológicamente, el sobrepenar puede derivar de una profunda necesidad de control. Algunas personas pueden sentir que al reflexionar intensamente sobre una situación, pueden predecir o controlar el resultado, incluso si no es realista.

Mecanismos de Defensa: El sobrepenar puede ser un mecanismo de defensa contra emociones dolorosas o traumáticas. En lugar de enfrentar estas emociones, la persona puede quedar atrapada en detalles o escenarios hipotéticos.

Dinámicas Relacionales y Comunicativas: Las dinámicas dentro de las relaciones a menudo pueden ser un terreno fértil para el sobrepenar.

Comunicación Ambigua: Si una persona recibe mensajes ambiguos o contradictorios de alguien importante en su vida, puede pasar horas tratando de "descifrar" significados o intenciones ocultas.

Expectativas no Expresadas: Sentir la necesidad de cumplir con expectativas no expresadas o percibidas puede llevar a reflexionar sobre cómo cumplirlas o sobre las posibles consecuencias de no hacerlo.

Antecedentes Culturales y Educativos: • Los entornos educativos y culturales en los que uno crece pueden tener un impacto duradero en los patrones de pensamiento. • Educación Rígida: Crecer en un entorno donde no se toleran los errores puede inculcar un temor al error y, por lo tanto, alimentar el sobrepenar. • Valores Culturales: Algunas culturas pueden enfatizar la reflexión y la introspección como virtudes, mientras que otras pueden promover la acción y la toma de decisiones. Estar en conflicto con estos valores culturales puede llevar a una rumia interminable.

Entorno de Trabajo: • El sobrepenar también puede estar influenciado por el tipo de trabajo o el entorno laboral. • Alta Responsabilidad: Tener un rol que involucra decisiones cruciales que pueden influir en la vida de las personas o tener repercusiones financieras significativas puede llevar a una reflexión constante. • Falta de Retroalimentación Adecuada: No recibir retroalimentación clara o regular sobre el trabajo puede dejar espacio para que las personas se cuestionen a sí mismas y sus decisiones.

Comparación y Globalización Vivimos en un mundo globalizado en el que estamos constantemente expuestos a historias de éxito de todo el mundo. **Comparación Globalizada:** Cada vez que vemos a alguien teniendo éxito en un área similar a la nuestra, podríamos empezar a reflexionar sobre lo que estamos haciendo, cómo podríamos hacerlo mejor o qué podríamos haber hecho de manera diferente. **Acceso Continuo a la Información:** En una era digital, estamos bombardeados con información las 24 horas del día. Esta sobrecarga de información puede alimentar el sobrepenar, ya que siempre hay una nueva pieza de información que considerar o analizar.

Reconocer las múltiples causas del sobrepenar puede ayudar a las personas a identificar áreas problemáticas específicas en sus vidas. Esta conciencia es el primer paso para desarrollar estrategias personalizadas e intervenciones específicas para reducir el sobrepenar y mejorar la calidad de vida.

3. **La Conexión Entre el Estrés y el Sobrepenar Cómo el Estrés Alimenta el Sobrepenar Respuesta de Alerta:** El estrés es una reacción natural del cuerpo a situaciones percibidas como amenazantes. Cuando nos sentimos bajo presión o amenazados, nuestros cerebros entran en un estado de "alerta", predisponiéndonos al análisis. Esta respuesta, una vez vital para nuestra supervivencia, puede traducirse ahora en una tendencia a reflexionar en exceso sobre desafíos modernos y menos tangibles. **Bucles de Retroalimentación:** El estrés puede

desencadenar el sobrepenar, que a su vez aumenta los niveles de estrés, creando un ciclo de retroalimentación negativa. Cuanto más pensamos en un problema o situación estresante, más ansiosos nos volvemos, alimentando aún más la rumia. **Evitación:** Frente al estrés, algunas personas pueden usar el sobrepenar como un medio para evitar la acción directa. Por ejemplo, si una persona teme una próxima entrevista de trabajo, podría pasar horas reflexionando sobre cada escenario posible en lugar de prepararse concretamente o intentar relajarse.

La Reacción del Cuerpo al Sobrepenar Respuesta de Lucha o Huida: Cuando alguien reflexiona en exceso sobre una situación, el cuerpo puede interpretar este estado mental como una amenaza, desencadenando la respuesta de "lucha o huida". Esto conduce a una serie de cambios fisiológicos, como un aumento en la frecuencia cardíaca, una aceleración de la respiración y tensión muscular.

Cortisol: El sobrepenar puede llevar a una mayor producción de cortisol, la hormona del estrés. Niveles elevados y prolongados de cortisol pueden tener efectos negativos en la salud, incluyendo una disminución de la función inmunológica, problemas digestivos y trastornos del sueño. **Agotamiento Mental:** La rumia constante puede agotar los recursos mentales. Como un músculo sobrecargado, el cerebro puede volverse "cansado", lo que dificulta la concentración, la toma de decisiones y el procesamiento de nueva información.

Problemas de Sueño: El sobrepenar, especialmente por la noche, puede interferir en la capacidad para conciliar el sueño y mantenerlo. La privación del sueño puede luego exacerbar aún más el sobrepenar, creando otro ciclo de retroalimentación negativa. **Problemas Digestivos:** Lo que sucede en la mente puede tener un impacto directo en el cuerpo. La ansiedad y el estrés asociados al sobrepenar pueden llevar a problemas digestivos como acidez, indigestión o trastornos gastrointestinales.

Trastornos Asociados Muchas condiciones psicológicas pueden tener el estrés y el sobrepenar como síntomas concurrentes o factores desencadenantes. **Trastornos de Ansiedad:** El sobrepenar a menudo está asociado con trastornos de ansiedad generalizada, ataques de pánico y fobias específicas. En estas condiciones, las personas pueden obsesionarse y preocuparse por pensamientos o escenarios particulares, alimentando aún más los niveles de ansiedad. **Depresión:** Aunque la depresión puede manifestarse con síntomas de letargo o apatía, muchas personas con depresión también experimentan períodos intensos de sobrepenar. Estos pensamientos pueden estar relacionados con la autoestima, la culpa o los arrepentimientos.

Factores Ambientales Estímulos externos pueden influir en nuestros niveles de estrés y, en consecuencia, en nuestra inclinación al sobrepenar. **Sobreestimulación:** Vivimos en una era de información constante. Estar continuamente expuestos a noticias, redes sociales e interrupciones puede mantener el cerebro en un estado hiperactivo, favoreciendo el sobrepenar. **Ruido y Contaminación:** Estudios han demostrado que la exposición a niveles elevados de ruido o contaminación puede aumentar los niveles de estrés, creando un terreno fértil para el sobrepenar.

Rumia vs. Reflexión Si bien el sobrepenar a menudo se ve como algo negativo, es esencial distinguir entre la rumia y la reflexión. **Rumia:** La rumia es un tipo de sobrepenar en el que la persona queda atrapada en un ciclo de pensamientos negativos, a menudo relacionados con eventos pasados o preocupaciones futuras. Este tipo de pensamiento puede ser perjudicial y paralizante. **Reflexión:** Por otro lado, la reflexión es un tipo de pensamiento profundo y considerado que puede llevar a nuevas ideas y soluciones. La reflexión puede ser una forma de procesar emociones y experiencias de manera constructiva.

Impacto en la Salud a Largo Plazo El sobrepenar prolongado y el estrés resultante no solo tienen efectos a corto plazo; también pueden tener repercusiones en la salud a largo plazo. **Sistema Inmunológico:** Como se mencionó, la producción elevada de cortisol puede debilitar el sistema inmunológico, haciendo que las personas sean más susceptibles a enfermedades e infecciones. **Salud Cardiovascular:** El estrés crónico y la tensión asociada al sobrepenar pueden aumentar el riesgo de problemas cardiovasculares, como la hipertensión y las enfermedades cardíacas. **Salud Cognitiva:** La exposición continua al estrés y al sobrepenar puede tener un impacto negativo en la función cognitiva, aumentando potencialmente el riesgo de enfermedades como la demencia en la vida posterior.

La Conexión Emocional La relación entre las emociones y el sobrepenar es profunda. Sentimientos intensos, como la tristeza o la ira, pueden desencadenar períodos de rumia excesiva. **Procesamiento Emocional:** Algunas personas usan el sobrepenar como un medio para procesar emociones. Sin embargo, si no se maneja adecuadamente, este proceso puede volverse contraproducente, causando un aumento adicional del estrés y las emociones negativas.

Comprender la conexión entre el estrés y el sobrepenar y los numerosos factores que pueden influir en esta relación es esencial para desarrollar estrategias de manejo efectivas y proteger la salud mental y física. La conciencia de estas conexiones y sus implicaciones puede guiar a las personas hacia intervenciones más específicas y una mayor calidad de vida.

Inhibición de la Creatividad y la Resolución de Problemas Bloqueo Creativo: El sobrepenar puede frenar el proceso creativo. Si bien una cierta cantidad de estrés puede mejorar el rendimiento, un exceso de estrés y rumia puede hacer que las personas se sientan atrapadas, incapaces de generar nuevas ideas o soluciones. **Mindfulness Reducido:** El sobrepenar también puede desviar la atención del "aquí y ahora", lo que dificulta abordar los problemas de manera efectiva. Si la mente está inmersa en ciclos constantes de reflexión y preocupación, se compromete la capacidad de resolver problemas de manera creativa.

Salud Relacional y Conexiones Sociales Retiro Emocional: El sobrepenar y el estrés relacionado pueden llevar al retiro emocional, ya que las personas se sumergen tanto en sus pensamientos que se desconectan de las personas que las rodean. **Malentendidos:** En un estado de sobrepenar, es fácil malinterpretar las palabras y acciones de los demás, contribuyendo a un estrés adicional. Esto puede llevar a conflictos y tensiones innecesarios en las relaciones.

Aspectos Temporales y Ciclos de Vida Impacto en la Percepción del Tiempo: El estrés y el sobrepenar pueden distorsionar nuestra percepción del tiempo. Cuando estamos inmersos en pensamientos ansiosos, el tiempo puede parecer pasar más

lentamente, creando niveles adicionales de estrés.
Momentos Críticos de la Vida: Períodos de cambio significativo o decisiones importantes pueden exacerbar tanto el estrés como el sobrepenar. Por ejemplo, durante transiciones de la vida como la graduación, el matrimonio o el nacimiento de un hijo, las personas tienden a reflexionar en exceso sobre lo que podría salir mal, alimentando el estrés.

Impacto en el Rendimiento y la Autoestima Parálisis por Análisis: En el trabajo o en el ámbito académico, el sobrepenar puede llevar a lo que comúnmente se conoce como "parálisis por análisis", donde una persona se sumerge tanto en ponderar cada detalle que se vuelve incapaz de tomar cualquier decisión. **Autoestima:** El sobrepenar puede llevar a una espiral negativa de auto-duda. Las personas pueden comenzar a cuestionar sus propias habilidades, lo que puede erosionar aún más la autoestima y, consecuentemente, aumentar el estrés.

Otros Trastornos de Salud Mental Superposición con Otros Trastornos: El sobrepenar no es solo un fenómeno aislado; a menudo está relacionado con otros trastornos de salud mental como la depresión, los trastornos de ansiedad y los trastornos obsesivo-compulsivos. El estrés puede actuar como un catalizador, exacerbando los síntomas de estos trastornos.

La conexión entre el estrés y el sobrepenar es intrincada, con múltiples capas de interacción que pueden afectar significativamente la calidad de vida de una persona. Una comprensión profunda de esta relación es crucial para desarrollar estrategias terapéuticas e intervenciones efectivas que puedan ayudar a las personas a liberarse de la trampa del sobrepenar y llevar una vida más serena y satisfactoria.

4. El Ciclo Negativo del Sobrepenar Cómo Empieza y se Autoperpetúa Desencadenantes Externos: El sobrepenar a menudo se origina en estímulos o situaciones externas. Estos pueden incluir un comentario casual hecho por un colega, noticias angustiantes o un evento inesperado. En lugar de procesar y dejar ir esta información, la mente comienza a obsesionarse con ella. **Ruido Interno:** Pensamientos y preocupaciones persistentes pueden surgir sin un estímulo externo claro. Un viejo arrepentimiento o el miedo al futuro pueden desencadenar un ciclo de sobrepenar.

Predisposición Individual: Algunas personas tienen una inclinación natural hacia la reflexión y el análisis. Esta tendencia, si no se controla, puede convertirse fácilmente en sobrepenar.

Amplificación: Una vez que un pensamiento o preocupación se ha afianzado, la mente puede amplificarlo. Lo que comenzó como una preocupación menor se convierte en un escenario catastrófico, alimentando aún más la ansiedad y la preocupación.

La Espiral Descendente Enfoque Reducido: A medida que el sobrepenar se intensifica, la persona puede empezar a centrarse exclusivamente en pensamientos negativos, excluyendo cualquier otro pensamiento o perspectiva. **Ruido de Fondo:** Con el tiempo, estos pensamientos dominantes pueden convertirse en un "ruido de fondo" constante, lo que dificulta la concentración en cualquier otra cosa o tomar decisiones racionales. **Evitación:** Para intentar manejar la angustia que proviene del sobrepenar, una persona puede comenzar a evitar situaciones, personas o actividades que creen que podrían desencadenar más pensamientos negativos. Esta evitación puede limitar las experiencias de vida y aislar aún más a la persona. **Efectos Físicos:** Como se mencionó anteriormente, el sobrepenar no solo afecta la mente sino también el cuerpo. Estos efectos físicos (como el insomnio, la tensión muscular, etc.) pueden, a su vez, reforzar el ciclo del sobrepenar. **Reforzar Creencias Limitantes:** El sobrepenar a menudo refuerza creencias limitantes sobre uno mismo y el mundo circundante. Por ejemplo, si alguien piensa constantemente, "No soy lo suficientemente bueno", estas reflexiones pueden arraigar aún más esta creencia, lo que dificulta aún más cuestionarla o superarla. **Exacerbación de Problemas:** Paradójicamente, aunque el sobrepenar puede originarse a partir del deseo de resolver o evitar problemas, en realidad puede empeorarlos. Por ejemplo, preocuparse en exceso por una relación puede crear tensiones o malentendidos que no existían antes.

Distorsiones Cognitivas: Sobregeneralización: Una sola experiencia negativa se ve como un patrón de fracaso. Por ejemplo, cometer un error en un proyecto puede llevar a la creencia: "Siempre arruino todo". **Filtro Mental:** Esta es la tendencia a centrarse exclusivamente en los aspectos negativos de una situación, ignorando por completo los aspectos positivos. Si diez cosas van bien y una sale mal, el sobrepenador se centrará únicamente en lo negativo. **Catastrofismo:** Aquí, la persona siempre imagina el peor escenario posible. Una preocupación menor, como un dolor de cabeza, puede convertirse en el temor a una enfermedad grave.

Repercusiones Emocionales: Sentimientos de Impotencia: Una de las consecuencias más devastadoras del sobrepenar es la sensación de impotencia. Cuando se piensa constantemente en problemas sin tomar medidas, uno puede comenzar

a sentir que la situación está fuera de control.
Aislamiento Emocional: Demasiados pensamientos pueden crear una barrera entre la persona y los demás. El sobrepenador puede sentir que nadie puede entender o relacionarse con sus pensamientos incesantes.

Efectos en la Capacidad de Toma de Decisiones: Procrastinación: El sobrepenar puede llevar a la parálisis de la toma de decisiones, donde el miedo a tomar la decisión incorrecta resulta en que no se tome ninguna decisión. **Falta de Confianza:** Dudar constantemente de uno mismo puede erosionar la confianza en el juicio de uno, lo que dificulta confiar en las propias decisiones.

Influencias Ambientales y Culturales: Cultura de la Información: Vivimos en una época en la que estamos bombardeados con información. Esta sobrecarga puede alimentar el sobrepenar mientras tratamos de procesar y analizar cada pieza de información. **Comparación Social:** Las redes sociales pueden exacerbar el sobrepenar. Ver momentos destacados de la vida de alguien más puede llevarnos a reflexionar en exceso sobre nuestras propias vidas, elecciones y caminos.

La Persistencia del Ciclo: Bucle de Retroalimentación Negativa: Como una serpiente que se come la cola, cada ronda de sobrepenar refuerza el ciclo. Los pensamientos ansiosos generan más estrés, lo que lleva a más pensamientos ansiosos. **Refuerzos Externos:** A veces, el entorno o las personas que te rodean pueden reforzar el sobrepenar de manera no intencionada. Por ejemplo, un padre excesivamente preocupado puede transmitir este comportamiento a sus hijos.

El sobrepenar, como se puede ver, no es solo un hábito o rasgo de personalidad, sino una compleja interacción de reacciones cognitivas, emocionales y conductuales. Romper el ciclo del sobrepenar requiere un enfoque multifacético que aborde las raíces y manifestaciones de este comportamiento.

5. Reconociendo Cuando Estás "Sobrepenando"

Signos y Síntomas: • Pensamientos Repetitivos: Te encuentras constantemente volviendo a las mismas situaciones, conversaciones o decisiones sin llegar a una conclusión o solución. • Insomnio: Dificultad para conciliar el sueño o despertar en medio de la noche con la mente acelerada son a menudo signos de sobrepenar. • Ansiedad o Sentimientos de Abrumación: Un creciente sentido de preocupación, inquietud o nerviosismo, especialmente cuando no hay una razón inmediata u obvia para estos sentimientos. • Dificultad para Tomar Decisiones: Sentir que cada decisión, incluso las cotidianas y triviales, requiere un análisis excesivo. • Rumiar el Pasado: Obsesionarse con errores pasados, vergüenzas o momentos incómodos, repitiéndolos constantemente. • Preocupación Excesiva por el Futuro: Preocuparse constantemente por lo que podría suceder, imaginando escenarios negativos o catastróficos. • Falta de Acción: Encontrarte paralizado o renuente a avanzar en una tarea o decisión debido a pensamientos abrumadores. • Distracción: Tener dificultades para concentrarse en una sola actividad porque tu mente está en otro lugar.

Monitoreo de tus Pensamientos:

• **Diario de Pensamientos:** Mantener un diario puede ayudarte a identificar patrones de sobrepenar. Escribe tus pensamientos y sentimientos, y anota las circunstancias que parecen desencadenar el sobrepenar.

• **Retroalimentación de Otros:** Las personas a tu alrededor pueden notar si te estás perdiendo en tus pensamientos. Pídeles que te informen si te ven volviéndote excesivamente analítico o preocupado.

• **Mindfulness y Meditación:** Practicar mindfulness te ayuda a ser más consciente de tus pensamientos y sentimientos en el momento presente. Esta conciencia puede ayudarte a reconocer cuándo estás cayendo en el sobrepenar.

• **Pausa para Reflexionar:** Si notas que estás atrapado en un ciclo de pensamientos, tómate un momento para hacer una pausa y evaluar. Pregúntate a ti mismo: "¿Estoy sobrepenando en este momento? ¿Son estos pensamientos productivos?"

• **Limitar la Exposición a Desencadenantes:** Si notas que ciertos estímulos, como las noticias o las redes sociales, alimentan tu sobrepenar, limita tu exposición a ellos. Establece momentos específicos para revisar estos canales o toma descansos digitales.

Reconocer el sobrepenar es el primer paso crucial para abordarlo. Con una mayor conciencia, puedes comenzar a tomar medidas para romper el ciclo y reducir el impacto negativo que tiene en tu vida.

Manifestaciones Físicas del Sobrepenar:

• **Tensión Muscular:** Cuando te atrapa el torbellino del sobrepenar, es posible que notes que los músculos, especialmente los del cuello, hombros o espalda, se tensan. Esta tensión puede llevar a dolores de cabeza u otros dolores musculares. • **Cambios en la Respiración:** La respiración superficial o acelerada puede ser un signo de que tu mente está corriendo. • **Malestar Estomacal:** La ansiedad y la preocupación derivadas del sobrepenar pueden manifestarse como trastornos digestivos, como dolores de estómago o reflujo ácido.

Cambios de Comportamiento: • **Evitación:** Puedes empezar a evitar situaciones o personas que temes podrían desencadenar un mayor sobrepenar, limitando así tus interacciones y experiencias. • **Procrastinación:** El sobrepenar puede llevar a retrasar decisiones o acciones en un intento de tener "más tiempo para pensar", lo que puede agravar aún más el ciclo de sobrepenar. • **Compulsividad:** Algunos pueden reaccionar al sobrepenar buscando control a través de comportamientos compulsivos, como revisar cosas repetidamente o organizar de manera obsesiva.

Evaluación del Tiempo:

• **Enfoque Temporal de los Pensamientos:** Si constantemente te encuentras obsesionado con el pasado o preocupado por el futuro en lugar de vivir en el presente, podría ser un signo de sobrepenar. •

Dilatación del Tiempo: Las horas pueden sentirse como minutos cuando estás inmerso en un ciclo de sobrepenar, con el tiempo que parece pasar desapercibido.

Herramientas de Autoevaluación: • Aplicaciones de Seguimiento del Estado de Ánimo: Hay muchas aplicaciones disponibles que te permiten registrar tu estado de ánimo y los pensamientos asociados, lo que te ayuda a identificar cuándo y por qué podrías estar cayendo en el sobrepenar.

• Técnicas de Anclaje: Estas técnicas, como la "técnica 5-4-3-2-1", pueden ayudarte a reconectar con el momento presente cuando te sientes abrumado por los pensamientos. Son particularmente útiles para interrumpir el ciclo de sobrepenar cuando lo reconoces.

• Cuestionarios y Pruebas: Varios cuestionarios psicológicos y pruebas de autoevaluación pueden ayudarte a reconocer y evaluar la magnitud de tu sobrepenar.

Comparación con Otros: • Grupos de Apoyo: Participar en grupos de apoyo para la ansiedad o el sobrepenar puede ofrecer una perspectiva externa. Escuchar las experiencias de otros puede ayudarte a reconocer señales de sobrepenar en tu vida.

Reconocer el sobrepenar puede llevar tiempo y práctica, especialmente si se ha convertido en un hábito o una reacción automática. Sin embargo, con conciencia y las herramientas adecuadas, puedes identificarlo y comenzar a tomar medidas para reducirlo o gestionarlo de manera efectiva.

Medidas Cuantitativas:

• **Seguimiento del Tiempo:** Utiliza un temporizador o una aplicación de seguimiento del tiempo para registrar cuánto tiempo pasas pensando en un problema o situación en particular. Ver el tiempo "en números" puede ser una señal de alarma. • **Escala de Intensidad:** Crea una escala del 1 al 10 para evaluar la intensidad de tus pensamientos. Si con frecuencia te encuentras superando el nivel 7, es un claro signo de que estás sobrepenando.

Signos Psicosomáticos:

• **Tensión Muscular:** Si notas tensión muscular, especialmente en el cuello, los hombros o la mandíbula, podría ser un signo físico de sobrepenar.

• **Aumento de la Frecuencia Cardíaca:** La ansiedad generada por el sobrepenar puede manifestarse a través de una frecuencia cardíaca elevada o palpitaciones.

• **Trastornos Digestivos:** El estrés y la ansiedad pueden afectar el sistema digestivo, lo que lleva a síntomas como náuseas o problemas gastrointestinales.

Efectos en las Relaciones:

• **Conversaciones Superficiales:** Si te encuentras evitando conversaciones profundas o significativas por miedo a decir algo incorrecto o ser juzgado, podría ser un signo de sobrepenar. • **Aislamiento Social:** El deseo de evitar posibles desencadenantes de estrés puede llevarte a alejarte de amigos y familiares.

Signos Indirectos: • **Procrastinación:** El sobrepenar puede llevar a la procrastinación como mecanismo de defensa para evitar decisiones o acciones que podrían desencadenar más estrés. •

Perfeccionismo: Sentir que cada detalle debe ser analizado y optimizado puede ser un síntoma de sobrepenar. • **Auto-Crítica:** Si notas que tu diálogo interno es predominantemente crítico y despiadado, es probable que estés cayendo en la trampa del sobrepenar.

Técnicas de Autoindagación: • **Preguntas Directas:** Hacer preguntas como "¿Cuál es el peor escenario que podría ocurrir?" o "¿Esto importará en cinco años?" puede ayudar a evaluar la gravedad y relevancia de tus pensamientos. • **Análisis FODA:** Intenta realizar un análisis de Fortalezas, Debilidades, Oportunidades y Amenazas (FODA) con respecto al problema en el que estás sobrepenando. Esto puede ofrecer una visión más equilibrada de la situación.

6. Meditación y Mindfulness Práctica del Mindfulness: Definición del Mindfulness: El mindfulness, o conciencia plena, se refiere a la práctica de estar completamente presente y comprometido en el momento, sin juicio. Implica observar tus pensamientos y sentimientos sin intentar cambiarlos o reaccionar ante ellos.

Beneficios del Mindfulness: • Reducción del Estrés: Ayuda a calmar la mente, reduciendo la ansiedad y el pánico. **• Aumento de la Concentración:** Mejora la capacidad para centrarse en tareas específicas, reduciendo las distracciones. **• Mayor Conexión Emocional:** Promueve una comprensión más profunda de tus emociones y cómo responder a ellas.

Prácticas Diarias de Mindfulness: • Observación Consciente: Presta atención a las actividades diarias como comer, caminar o respirar. Por ejemplo, cuando comas, observa los sabores, texturas y aromas. **• Escucha Activa:** Cuando converses con alguien, concéntrate plenamente en lo que están diciendo sin pensar en tu respuesta.

Técnicas de Meditación para Principiantes: • Meditación de Conciencia Respiratoria:

1. Siéntate en una posición cómoda con la espalda recta.

2. Cierra los ojos y lleva tu atención a tu respiración.

3. Observa la sensación del aire entrando y saliendo por tus fosas nasales.

4. Cuando la mente divague, reconoce su distracción y vuelve tu enfoque a tu respiración. • **Meditación Guiada:**

5. Escucha grabaciones o utiliza aplicaciones que te guíen a través de una sesión de meditación.

6. Estas a menudo incluyen visualizaciones, relajación progresiva y otras técnicas para ayudar a centrar la mente. • **Meditación Caminando:**

7. Camina lentamente y conscientemente, notando cada paso mientras toca el suelo.

8. Siente la conexión entre tu pie y la tierra, manteniéndote consciente de cada paso. • **Meditación de Amabilidad (Metta):**

9. Comienza centrando la atención en tu respiración.

10. Comienza lentamente a enviar pensamientos de amor y bondad a ti mismo: "Que sea feliz. Que esté en paz."

11. Extiende estos pensamientos de amor y bondad a los demás, incluyendo amigos, familiares e incluso desconocidos o enemigos. • **Meditación de Exploración Corporal:**

12. Siéntate o acuéstate en una posición cómoda.

13. Comienza desde tus pies y avanza lentamente a través de cada parte de tu cuerpo, notando cualquier sensación, calor, frío o tensión.

14.   El objetivo es observar sin juicio o intentar cambiar lo que sientes.

La meditación y el mindfulness son herramientas poderosas para romper el ciclo de sobrepenar. A través de estas prácticas, aprendes a no aferrarte a los pensamientos y a verlos tal como son: eventos mentales pasajeros. Con el tiempo y la práctica regular, puedes desarrollar una mente más tranquila y centrada, reduciendo significativamente el impulso de sobrepenar.

Herramientas y Configuración para la Meditación:
• **Cojines y Bancos:** Usar cojines o bancos especiales para la meditación puede ayudar a mantener una postura correcta y sentirse más cómodo durante sesiones más largas. • **Entorno:** Crear un espacio de meditación dedicado en tu hogar puede reforzar tu práctica. No necesita ser una habitación completa; un rincón tranquilo con una vela o algunas piedras puede ser suficiente. • **Música y Sonidos:** Muchos encuentran útil meditar con sonidos de fondo como olas, cánticos, lluvia o sonidos de bosque. Hay

numerosas aplicaciones y grabaciones que ofrecen estos sonidos.

Mindfulness en Actividades Diarias: • Comer con Conciencia: Tómate el tiempo para saborear cada bocado de comida. Nota la textura, el sabor y cómo te hace sentir. Esta práctica no solo reduce el sobrepenar, sino que también puede ayudar con la digestión y la saciedad. **• Ducha Consciente:** Concéntrate en la sensación del agua en tu piel, el olor del jabón y el sonido del agua. Convierte una rutina diaria en un momento meditativo. **• Escucha Consciente:** Cuando estés en una conversación, en lugar de pensar en lo que dirás a continuación, concéntrate realmente en lo que la otra persona está diciendo.

Profundidad de la Meditación: • Trascendiendo el Yo: Con la práctica profunda, puedes comenzar a sentir una conexión con algo más grande que tú mismo. Este sentido de unidad puede ayudar a poner en perspectiva los problemas o preocupaciones pequeñas. **• Realización de la Impermanencia:** La meditación puede llevarte a reconocer que todo, incluyendo tus pensamientos, es temporal. Esta realización puede ayudarte a dejar ir pensamientos persistentes u obsesivos.

Obstáculos y Desafíos en la Meditación: • **Frustración:** Es común sentir frustración cuando la mente sigue divagando durante la meditación. Es importante recordar que la práctica no se trata de "vaciar la mente", sino de notar cuando la mente divaga y traerla suavemente de vuelta al presente. • **Impaciencia:** Muchos esperan resultados inmediatos de la meditación. Sin embargo, al igual que cualquier otra habilidad, requiere práctica y persistencia. • **Postura:** Mantener una postura adecuada puede ser desafiante, especialmente para principiantes. Es útil comenzar con sesiones cortas y, si es necesario, usar cojines o bancos para apoyar tu espalda.

Recursos Adicionales: Considera la idea de asistir a retiros o talleres de meditación para profundizar en tu práctica. Además, existen muchos libros y cursos en línea que pueden proporcionar instrucciones detalladas e ideas sobre la meditación y el mindfulness.

En resumen, integrar la meditación y el mindfulness en la vida cotidiana puede ofrecer un poderoso antídoto contra el sobrepenar, brindando mayor paz, claridad y alegría a tus experiencias diarias.

7. Respiración Consciente: Cómo la Respiración Puede Influenciar tus Pensamientos: • **Conexión Mente-Cuerpo:** La respiración es el único sistema autónomo del cuerpo que puede controlarse fácilmente. Por lo tanto, puede servir como un puente entre la mente y el cuerpo, influyendo en ambos simultáneamente. • **Reducción de la Respuesta al Estrés:** Respirar profundamente y de manera rítmica puede activar el sistema nervioso parasimpático, responsable de la respuesta de "reposo y digestión" del cuerpo. Esto puede ayudar a calmar una mente ansiosa y reducir los efectos del estrés. • **Enfoque y Concentración:** Respirar de manera regular y controlada puede ayudar a despejar la mente, facilitando la concentración y reduciendo la distracción. • **Regulación Emocional:** Cuando estamos emocionalmente agitados, nuestra respiración tiende a ser irregular o superficial. Traer conciencia a la respiración puede ayudar a estabilizar nuestras emociones.

Ejercicios de Respiración:

1. **Respiración Abdominal:** • Siéntate o acuéstate en una posición cómoda. • Coloca una mano en tu pecho y la otra en tu estómago. • Inhala lentamente por la nariz, permitiendo que el estómago se expanda (la mano en el pecho debe permanecer quieta). • Exhala lentamente por la boca o la nariz, sintiendo cómo se contrae el estómago. • Repite durante al menos 5-10 minutos.

2. **Respiración 4-7-8:** • Siéntate con la espalda recta. • Cierra la boca y, en silencio, inhala por la nariz contando hasta 4. • Mantén la respiración durante un conteo de 7. • Exhala completamente por la boca con un sonido suave durante un conteo de 8. • Esta es una

respiración. Ahora, repite el ciclo tres veces más para un total de cuatro respiraciones.

3. **Respiración Alterna por las Fosas Nasales (Nadi Shodhana):** • Siéntate cómodamente con la espalda recta. • Utiliza tu pulgar derecho para cerrar tu fosa nasal derecha. • Inhala profundamente por la fosa nasal izquierda. • Ahora, cierra la fosa nasal izquierda con tus dedos anular y meñique, y abre la fosa nasal derecha. • Exhala por la fosa nasal derecha y luego inhala por la misma fosa nasal. • Cierra la fosa nasal derecha y abre la izquierda, luego exhala por la fosa nasal izquierda. • Esto completa un ciclo. Continúa durante al menos 5-10 ciclos.

4. **Respiración Cuadrada:** • Siéntate cómodamente. • Inhala durante un conteo de 4. • Mantén la respiración durante un conteo de 4. • Exhala durante un conteo de 4. • Mantén los pulmones vacíos durante un conteo de 4. • Repite durante al menos 5 minutos. Al incorporar estos ejercicios de

respiración en tu rutina diaria, puedes desarrollar una mayor conciencia y control sobre tu estado mental. Con la práctica, encontrarás más fácil volver a un centro de calma y claridad, incluso en momentos de estrés o agitación.

La Antigua Sabiduría de la Respiración: La práctica de centrarse en la respiración tiene raíces antiguas y se encuentra en muchas tradiciones espirituales y culturales. Los monjes budistas, por ejemplo, utilizan la respiración como una herramienta principal en su práctica de meditación. También en el campo del yoga, el "pranayama" o control de la respiración es fundamental.

La Respiración y la Fisiología: • Frecuencia Cardíaca y Respiración: Cuando respiramos profundamente y de manera rítmica, nuestro ritmo cardíaco puede sincronizarse, un fenómeno conocido como coherencia cardíaca. Esta sincronización tiene efectos beneficiosos en el cuerpo, como la reducción de la presión arterial. • **Oxigenación Cerebral:** La respiración profunda y consciente asegura una mejor oxigenación del cerebro, promoviendo la claridad mental y una función cognitiva mejorada.

El Arte de la Respiración en la Vida Diaria: • La Respiración Durante las Actividades: Ya sea que estés haciendo ejercicio, cocinando o simplemente caminando, tomar conciencia de tu respiración puede convertir una actividad ordinaria en una oportunidad meditativa. **• La Respiración y la Alimentación:** Practicar la respiración consciente antes de las comidas puede ayudar en la digestión. Tomarte un momento para respirar profundamente y expresar gratitud por la comida frente a ti puede brindar una mayor conciencia y gratitud a tu experiencia de comer.

Ejercicios de Respiración Adicionales: 5. **Respiración de Fuego (Kapalbhati):** • Siéntate en una posición cómoda con la espalda recta. • Comienza con una respiración profunda. • Exhala con fuerza y rapidez por la nariz, contrayendo los músculos abdominales. • Deja que la inhalación ocurra de manera natural y sin esfuerzo. • Continúa durante 15-30 segundos y luego disminuye la velocidad para volver a la respiración normal.

6. **Contemplación de la Respiración:** • Encuentra un lugar tranquilo para sentarte o acostarte. • En lugar de alterar tu respiración, simplemente obsérvala. Nota la temperatura, el ritmo y cualquier otro detalle. • Cuando la mente divague, vuelve suavemente a observar la respiración.

7. **Respiración Contada:** • Siéntate en una posición cómoda. • Inhala durante un conteo de 5. • Mantén la respiración durante un conteo de 3. • Exhala lentamente durante un conteo de 7. • Repite durante al menos 5-10 minutos.

La Respiración y la Interacción Social: Prestar atención a tu respiración durante las interacciones sociales puede ayudarte a mantenerte centrado y presente. Si te encuentras en una conversación estresante o difícil, tomar unos cuantos respiraciones profundas puede ayudarte a responder con mayor calma y reflexión.

En conclusión, la respiración es mucho más que una función corporal automática: es una poderosa clave para nuestra salud mental y física. Al cultivar una práctica de respiración consciente, podemos acceder a una profunda sensación de paz y bienestar estés donde estés.

8. La Práctica de la Gratitud: El Poder de la Gratitud: La gratitud no es solo una simple expresión de agradecimiento; es un poderoso catalizador para el bienestar. Puede mejorar el estado de ánimo, reducir el estrés y ayudar a desarrollar una perspectiva más positiva de la vida. La Ciencia y la Gratitud: Estudios han demostrado que las personas que practican regularmente la gratitud tienen niveles reducidos de estrés, una mejor calidad de sueño y una mayor satisfacción con la vida. También han demostrado un sistema inmunológico más fuerte y una menor probabilidad de desarrollar trastornos depresivos.

Mantener un Diario de Gratitud: Beneficios: Tener un lugar dedicado para registrar por lo que estás agradecido puede servir como un recordatorio tangible de la belleza y las alegrías de la vida, incluso en tiempos difíciles. Para Empezar: • Elige un diario o cuaderno que te guste. • Asigna un momento específico cada día, tal vez antes de acostarte, para reflexionar y escribir. • Registra tres cosas por las que estés agradecido ese día. No importa cuán grandes o pequeñas sean. • Intenta evitar repeticiones; esto fomentará una reflexión más profunda y notar los pequeños detalles positivos de tu vida.

Enfocándote en lo Positivo: Recalibración Mental: A menudo, la mente humana está sintonizada para notar lo que está mal o lo que falta en nuestras vidas, un legado evolutivo llamado "sesgo de negatividad". La práctica de la gratitud puede ayudarnos a recalibrar nuestra atención, poniendo un mayor énfasis en lo positivo.

9. Limitar las Distractions:

El Costo de las Distractions: Vivimos en una era donde las distracciones son comunes. Una notificación en tu teléfono inteligente, un correo electrónico entrante, un nuevo episodio de tu serie de televisión favorita, todas estas cosas compiten por nuestra atención. Y aunque estas distracciones puedan parecer inofensivas, en realidad tienen un costo. Además de comprometer nuestra productividad, también pueden alimentar la sobreponderación, desviándonos del momento presente y fragmentando nuestra atención.

Eliminar las Distractions Digitales:

1. **Minimizar las Notificaciones:** Desactiva todas las notificaciones no esenciales en tu teléfono o computadora. Esto incluye aplicaciones de redes sociales, juegos y noticias. Si una notificación no se refiere a una llamada o un mensaje dirigido directamente a ti, considera si realmente la necesitas.

2. **Desintoxicación Digital:** Dedica unas horas cada día o incluso un día completo cada

semana lejos de los dispositivos electrónicos. Utiliza este tiempo para leer, meditar, dar paseos o participar en otras actividades fuera de línea.

3. **Aplicaciones de Monitoreo:** Utiliza aplicaciones como "Forest" o "Focus@Will" para rastrear y limitar el tiempo que pasas en aplicaciones o sitios web específicos. Estas aplicaciones te ayudan a mantenerte concentrado, reduciendo la tentación de navegar impulsivamente.

Crear un Espacio de Trabajo Tranquilo:

1. **Personaliza Tu Espacio:** Dedica un área específica de tu hogar u oficina como espacio de trabajo. Cuando estés allí, tu cerebro reconocerá que es hora de enfocarse.

2. **Elimina las Distractions Visuales:** Mantén tu escritorio y espacio de trabajo ordenados y libres de objetos innecesarios. Un entorno limpio y organizado puede reducir la sensación de caos y mejorar la concentración.

3. **Usa Auriculares:** Si te encuentras en un entorno ruidoso, usa auriculares para cancelar el ruido o escucha música relajante que pueda ayudarte a concentrarte.

4. **Descansos Programados:** Trabaja en bloques de tiempo, como 25 minutos de trabajo seguidos de un descanso de 5 minutos. Este método, también conocido como la técnica Pomodoro, puede ayudar a mantener un alto enfoque y proporcionar momentos regulares para relajarte y recargarte.

5. **Entorno Físico:** Considera la iluminación, la temperatura y la comodidad de tu silla y escritorio. Un entorno cómodo puede marcar una diferencia significativa en tu capacidad para concentrarte.

La Psicología de las Distractions: Las distracciones no son solo impedimentos externos; a menudo, nuestra predisposición interna juega un papel crucial en hacer que estas distracciones sean efectivas. Comprender la psicología de las distracciones puede proporcionar herramientas para combatirlas de manera más efectiva.

1. **Curiosidad vs. Necesidad:** A menudo, nos permitimos distraernos no porque necesitemos esa información, sino porque nuestras mentes son naturalmente curiosas. Reconocer esta diferencia puede ayudar a resistir la tentación de verificar cada notificación o actualización.

2. **Evitación Emocional:** En ocasiones, nos distraemos para evitar lidiar con emociones o tareas desafiantes. Reconocer cuando usas distracciones como un mecanismo de defensa puede permitirte enfrentar directamente lo que estás evitando.

Un Vistazo Detallado a las Distractions Digitales:

1. **Desplazamiento Infinito:** Muchos sitios web y aplicaciones, especialmente las redes sociales, utilizan el "desplazamiento infinito" para mantener a los usuarios comprometidos el mayor tiempo posible. Ser consciente de esta táctica puede ayudarte a romper el hábito.

2. **Desintoxicación Digital Nocturna:** Evita usar dispositivos electrónicos al menos una hora antes de acostarte. Esto puede mejorar la calidad del sueño y reducir la ansiedad nocturna y la sobreponderación.

Estrategias Avanzadas para Crear un Espacio de Trabajo Tranquilo:

1. **Colores y Estado de Ánimo:** Los colores en tu espacio de trabajo pueden influir en tu estado de ánimo y productividad. Tonos como el azul y el verde suelen considerarse relajantes y pueden promover la concentración.

2. **Plantas de Interior:** Las plantas no solo mejoran la calidad del aire, sino que también reducen el estrés y aumentan la productividad. Considera agregar algunas plantas de interior, como sansevierias o pothos, a tu espacio de trabajo.

3. **Zonas Sin Tecnología:** Designa ciertas áreas de tu hogar como zonas libres de tecnología.

Estos pueden ser lugares para leer, meditar o simplemente relajarte sin dispositivos digitales.

4. **Rituales de Trabajo:** Establece un ritual para comenzar tu día de trabajo, como unos minutos de respiración profunda o escribir en un diario. Esto puede ayudarte a entrar en un estado mental enfocado y reducir las distracciones a lo largo del día.

Técnicas para Apoyar una Concentración Profunda:

1. **Entrenamiento de la Concentración:** Así como cualquier otro músculo, tu capacidad para concentrarte se puede fortalecer con una práctica regular. Dedica períodos de tiempo cada día para la lectura, el estudio o el trabajo sin interrupciones.

2. **Meditación de la Concentración:** Existen meditaciones específicas, como la meditación Shamatha, que están directamente destinadas a mejorar la concentración. Estas prácticas

pueden ayudarte a desarrollar una mayor resistencia a las distracciones.

Conclusión: En un mundo cada vez más interconectado, la capacidad de limitar las distracciones se ha convertido en una habilidad valiosa. A través de una combinación de comprensión psicológica, estrategias ambientales y práctica regular, podemos cultivar un espacio y un estado mental que fomente una concentración profunda y el bienestar general.

10. Estableciendo Límites

La Importancia de los Límites en Nuestro Mundo Moderno: Vivimos en una era de hiperconectividad donde se espera que estemos siempre disponibles y receptivos. Si bien esto puede traer beneficios en términos de comunicación y acceso a la información, también tiene el potencial de abrumar nuestras mentes, aumentando el riesgo de sobreponderación. Establecer límites claros se ha vuelto esencial no solo para proteger nuestro tiempo y energía, sino también para preservar nuestra salud mental.

Decir "No" Cuando Sea Necesario:

1. **El Poder del "No":** Decir "no" no es solo un rechazo de algo; también es una afirmación de autonomía y prioridades. Te permite resguardar tu tiempo, energía y bienestar.

2. **"No" Sin Culpa:** Muchos de nosotros luchamos con la culpa al decir "no". Es esencial reconocer que establecer límites es un derecho, no un privilegio. No tienes la obligación de justificarte cada vez.

3. **Técnicas para Decir "No":** Practica formas suaves pero firmes de declinar solicitudes u ofertas. Por ejemplo: "Gracias por ofrecerlo, pero no puedo aceptar en este momento."

Aprender a Tomar Tiempo para Ti Mismo:

1. **Auto Renovación:** El tiempo para ti mismo no es un lujo; es una necesidad. Sirve para recargar, reflexionar y reconectar con tus necesidades y deseos.

2. **Crea Rituales Personalizados:** Ya sea leyendo un libro, dando un paseo, meditando o escuchando música, encuentra lo que te ayuda a relajarte y dedica tiempo a ello todos los días.

3. **Programar Tiempo para "Mí":** Así como programas reuniones y actividades, también debes programar momentos exclusivamente para ti. Esto puede ser una forma efectiva de asegurarte de tener el tiempo necesario para recargar energías.

4. **Designa Espacios Personales:** Si es posible, crea un rincón o una habitación en tu hogar dedicado exclusivamente a la relajación y la renovación. Esto puede convertirse en un refugio del caos externo y un lugar para reconectar contigo mismo.

5. **Conectar con la Naturaleza:** Pasando tiempo al aire libre, ya sea un breve paseo en el parque o una escapada a la montaña, puede tener efectos profundamente rejuvenecedores en la mente y el cuerpo. La naturaleza puede

ayudar a romper el ciclo de la sobreponderación y restaurar un sentido de equilibrio.

El Contexto Social de los Límites:

En muchas culturas, especialmente en entornos laborales competitivos, existe una sutil presión social para decir siempre "sí". Esto puede derivar del miedo a perder oportunidades o el deseo de parecer un jugador de equipo. Sin embargo, al priorizar las necesidades de los demás sobre las tuyas, corres el riesgo de perder de vista lo que realmente importa.

El Arte de Decir "No" y Sus Facetas:

1. **Decir "No" con Empatía:** La clave para rechazar suavemente es apelar a la empatía. Ayuda a las personas a comprender que tu decisión no es un rechazo personal, sino una necesidad para tu bienestar.

2. **"No" como Acto de Amor Propio:** Cada vez que estableces un límite, estás practicando el

amor propio. Reconoces que tu tiempo, energía y bienestar son valiosos.

3. **La Importancia del Momento:** Si sabes que tendrás que rechazar algo, trata de hacerlo con anticipación. Esto da tiempo a los demás para ajustarse o encontrar alternativas.

Tomarte Tiempo para Ti Mismo y los Beneficios Psicológicos:

1. **Regeneración Mental:** Al igual que una máquina que necesita apagarse y reiniciarse, nuestros cerebros requieren descansos regulares. Esto permite la reducción del estrés, mejora la creatividad y aumenta la productividad a largo plazo.

2. **Reflexión y Claridad:** Cuando te tomas tiempo para ti mismo, puedes reflexionar sobre tus experiencias, evaluar tus decisiones y obtener una mayor claridad sobre las direcciones futuras.

3. **Conexión Emocional:** El tiempo que pasas solo también puede ser una valiosa oportunidad

para reconectar con tus emociones, desarrollando una mayor conciencia emocional.

Estrategias Prácticas para Establecer Límites:

1. **Planificación Proactiva:** Así como programas actividades laborales, reserva momentos "inamovibles" para ti mismo en tu calendario. Puede ser una hora de lectura, una tarde de paseos o una escapada de fin de semana.

2. **Comunicación Clara:** Cuando discutas tus límites con los demás, sé claro y directo. Esto ayuda a prevenir malentendidos y establece expectativas realistas.

3. **Ejercicios Mentales:** Si te sientes culpable o ansioso por establecer límites, considera practicar meditaciones o visualizaciones que fortalezcan tu sentido de autonomía y seguridad.

4. **Apoyo Comunitario:** Rodearte de personas que comprendan y respeten tu necesidad de

establecer límites puede provenir de grupos de apoyo, amigos, familiares o terapeutas.

Gestión de Energía y Establecimiento de Límites:

La gestión efectiva del tiempo a menudo se elogia, pero lo que es igualmente crucial es la gestión de la energía. Incluso si tienes el tiempo para hacer algo, sin la energía necesaria, tu eficiencia y productividad sufrirán.

1. **Reconoce los Ciclos de Energía:** Presta atención a las horas del día en las que te sientes más enérgico y cuando tiendes a sentirte más cansado. Esta conciencia te permite programar actividades estratégicamente.

2. **Priorización y Enfoque:** Considera tus prioridades y enfoca tu energía en lo que realmente importa. Aprende a reconocer y, si es necesario, rechazar actividades secundarias o no esenciales.

El Valor de la Autenticidad en el Establecimiento de Límites:

Muchas personas evitan establecer límites por miedo a parecer egoístas o decepcionar a los demás. Sin embargo, ser auténtico acerca de tus necesidades y capacidades puede fortalecer las relaciones y llevar a una mayor reciprocidad.

1. **Autenticidad y Expectativas:** Ser claro acerca de tus límites ayuda a establecer expectativas realistas, evitando frustraciones y malentendidos.

2. **Establecer Límites como un Acto de Transparencia:** Comunicar tus límites muestra que eres alguien que valora la honestidad y la claridad, características a menudo apreciadas tanto personal como profesionalmente.

El Impacto de los Límites en la Salud Mental:

La exposición constante al estrés y la presión puede llevar al agotamiento, el burnout y otros desafíos de salud mental. Establecer límites no solo es una forma de proteger tu tiempo, sino también de proteger tu mente.

1. **Prevención del Burnout:** La incapacidad para establecer límites puede llevar al burnout, con síntomas que van desde la fatiga constante hasta una pérdida de interés en las actividades diarias.

2. **Autoestima y Límites:** Cada vez que afirmas tus límites, refuerzas el mensaje de que tus necesidades y bienestar son importantes. Esto puede mejorar la autoestima y el autovalor.

Métodos Prácticos para Establecer y Mantener Límites:

1. **Técnicas de Escucha Activa:** Cuando alguien hace una solicitud, tómate un momento para entender realmente lo que se está pidiendo antes de responder. Esto te da tiempo para evaluar si puedes o quieres cumplir con la solicitud.

2. **Diferimiento Estratégico:** Si no estás seguro de tu capacidad o disposición para cumplir con una solicitud, considera pedir algo de tiempo para pensarlo. Por ejemplo: "¿Puedo responder mañana?"

3. **Afina tu Intuición:** Desarrolla la habilidad de sintonizarte contigo mismo y reconocer cuando algo cruza tus límites, incluso si puede parecer una solicitud razonable en la superficie.

Conclusión:

Los límites son esenciales para mantener el equilibrio en la vida y asegurarse de que tus necesidades y prioridades sean respetadas. A través de la autorreflexión, la conciencia y la comunicación efectiva, puedes aprender a establecer...

11. Ejercicio Físico y Movimiento

Beneficios del Deporte y la Actividad Física: El ejercicio físico no solo es beneficioso para el cuerpo, sino que también ofrece una serie de ventajas para la mente. Aquí hay algunas razones clave por las que el deporte y la actividad física son esenciales:

1. **Liberación de Endorfinas:** El ejercicio físico estimula la producción de endorfinas, conocidas como "hormonas de la felicidad".

Estas sustancias actúan como analgésicos naturales y pueden mejorar el estado de ánimo.

2. **Reducción del Estrés:** La actividad física puede ayudar a reducir el cortisol, la hormona del estrés en el cuerpo, promoviendo una sensación de calma y bienestar.

3. **Mejora del Sueño:** El ejercicio regular puede contribuir a una mejor calidad del sueño, ayudándote a sentirte más descansado y rejuvenecido.

4. **Mejora de la Memoria y las Habilidades Cognitivas:** El ejercicio físico regular puede mejorar la función cerebral y proteger contra el deterioro cognitivo relacionado con la edad.

5. **Aumento de la Autoestima:** Mejorar la forma física y alcanzar objetivos personales en la actividad física puede contribuir a una mejor autoestima y satisfacción personal.

Ejercicios Mentales Específicos: No todos los ejercicios son puramente físicos. Algunos están diseñados específicamente para fortalecer la mente o ofrecer beneficios psicológicos:

1. **Yoga:** Además de mejorar la flexibilidad y la fuerza, el yoga enfatiza la conciencia del momento presente y la conexión entre la mente y el cuerpo. Las posturas y la respiración ayudan a calmar la mente y reducir el estrés.

2. **Tai Chi:** Este antiguo arte marcial chino, a menudo descrito como "meditación en movimiento", ayuda a mejorar el equilibrio, la coordinación y la conciencia corporal. También es conocido por reducir el estrés y mejorar la concentración.

3. **Baile:** El baile no solo proporciona un entrenamiento cardiovascular, sino que también ofrece la oportunidad de expresarse y liberar emociones. La música y el ritmo pueden tener un efecto calmante en la mente.

4. **Paseos en la Naturaleza:** Caminar al aire libre, especialmente en entornos naturales como bosques o parques, puede tener efectos

beneficiosos en el bienestar mental. Conectar con la naturaleza ayuda a reducir el estrés y mejorar el estado de ánimo.

5. **Estiramientos y Pilates:** Estas prácticas mejoran la flexibilidad y la postura, al tiempo que ayudan a relajar la mente. Centrarse en la respiración y el movimiento consciente promueve la paz interior.

Efectos Neurológicos del Ejercicio: El cerebro se beneficia enormemente del ejercicio físico. El ejercicio no solo produce cambios celulares, sino que también estimula la liberación de neurotransmisores y hormonas que pueden tener un profundo impacto en nuestro estado mental.

1. **Neuroplasticidad:** El ejercicio físico promueve la neuroplasticidad, la capacidad del cerebro para reconfigurarse y crear nuevas conexiones neuronales. Esto puede ayudar en la capacidad cognitiva y la memoria.

2. **Neurogénesis:** Estudios han demostrado que el ejercicio, especialmente el entrenamiento cardiovascular, puede estimular la

neurogénesis, la creación de nuevas células nerviosas, especialmente en el hipocampo, una región clave para la memoria y el aprendizaje.

La Conexión Cuerpo-Mente:

1. **Retroalimentación Cuerpo-Mente:** Cuando tu cuerpo se siente bien y activo, envía señales positivas al cerebro. De manera similar, una mente sana promueve un cuerpo sano. Este ciclo de retroalimentación puede mejorarse mediante ejercicio regular.

2. **Enraizamiento:** Algunos ejercicios, como caminar descalzo sobre césped o arena, pueden proporcionar una experiencia de enraizamiento, conectando al individuo con el presente y la Tierra. Esto puede tener efectos calmantes y de reequilibrio.

El Rol del Ejercicio en la Prevención de Enfermedades Mentales:

1. **Prevención de la Depresión:** Además de la liberación de endorfinas, el ejercicio regular

puede reducir el riesgo de desarrollar depresión debido a sus efectos sobre el equilibrio de neurotransmisores y la promoción de la neurogénesis.

2. **Manejo de la Ansiedad:** La actividad física puede reducir los síntomas de ansiedad al proporcionar una vía para liberar tensiones acumuladas y mejorar la regulación del sistema nervioso.

El Ejercicio como Meditación en Movimiento:

1. **Flujo y Concentración:** Actividades como correr, andar en bicicleta o nadar pueden llevar a un estado de "flujo" donde las personas están completamente inmersas en la actividad, a menudo perdiendo la noción del tiempo. Esta concentración profunda es similar a estados meditativos.

2. **Artes Marciales:** Además del Tai Chi, muchas otras disciplinas de artes marciales, como el Karate, Judo o Aikido, enfatizan la conexión entre mente, cuerpo y espíritu. La práctica

regular puede ayudar a desarrollar la concentración, la disciplina y la atención plena.

La Importancia de la Consistencia:

1. **Rutina Diaria:** Incluso pequeños movimientos, cuando se hacen regularmente, pueden marcar la diferencia. No necesitas entrenamientos intensos todos los días; incluso un breve paseo o algunos ejercicios de estiramiento pueden ser beneficiosos.

2. **Encontrar Actividades Placenteras:** La clave para mantener una rutina de ejercicio a largo plazo es encontrar actividades que te gusten, ya sea bailar, caminar en el parque, nadar o cualquier otra cosa que te haga sentir bien.

Conclusión: Si bien muchos emprenden viajes de acondicionamiento físico para mejorar su apariencia exterior, los beneficios internos, especialmente para la mente y el bienestar psicológico, son inmensos y a veces pasados por alto. Integrar el ejercicio como una parte fundamental del autocuidado puede tener efectos profundos y duraderos en la calidad de vida.

12. Escribir para Liberar la Mente

Diario y Reflexión:

1. **El Poder de Escribir en un Diario:** Escribir en un diario puede ser una herramienta poderosa para la autorreflexión. Te permite expresar pensamientos y sentimientos, dándoles una forma concreta y, en ocasiones, ayudando a dar sentido a lo que estás experimentando.

2. **Rituales Diarios:** Establecer un ritual diario de escritura puede ser una forma efectiva de liberar la mente de preocupaciones acumuladas o tensiones a lo largo del día.

3. **Análisis y Comprensión:** Más allá de ser una válvula de escape, llevar un diario puede servir como una herramienta para analizar situaciones, comportamientos o sentimientos. Con el tiempo, también puede ayudar a

reconocer patrones o tendencias en tu comportamiento o forma de pensar.

4. **Memoria y Crecimiento:** Llevar un diario puede ser una forma de documentar tu vida, progreso y desafíos. Leer entradas pasadas puede ofrecer valiosas perspectivas sobre tu crecimiento personal y evolución.

Técnicas de Escritura Terapéutica:

1. **Escritura Libre:** Esta técnica implica escribir libremente durante un período establecido (por ejemplo, 10 o 20 minutos) sin preocuparse por la gramática, la puntuación o la coherencia. El objetivo es liberar la mente y permitir que los pensamientos fluyan libremente.

2. **Cartas no Enviadas:** Escribir una carta a alguien (vivo o fallecido) con quien tengas problemas sin resolver o sentimientos no expresados puede ser terapéutico. La clave es

que esta carta nunca se enviará, lo que te da la libertad de expresar lo que realmente sientes.

3. **Lista de Gratitud:** Centrarse en lo que agradeces puede cambiar la perspectiva de una persona y mejorar su estado de ánimo. Escribir una lista regular de cosas, personas o experiencias por las que estás agradecido puede tener un efecto positivo en el estado de ánimo y la percepción de la vida.

4. **Narrativa Personal:** Escribir una historia o narrativa basada en tu vida, o crear una narrativa que incorpore tus sentimientos y pensamientos, puede ser una forma efectiva de explorarte y comprenderte mejor.

5. **Estímulos de Escritura:** A veces, comenzar puede ser la parte más difícil. El uso de estímulos de escritura o preguntas guía puede ayudar a iniciar el proceso de reflexión y escritura.

El Arte de Llevar un Diario:

1. **Introspección Profunda:** Llevar un diario puede servir como un espejo del alma, reflejando sentimientos, aspiraciones y temores. Este tipo de introspección puede ayudar a comprenderse mejor y abordar problemas internos no resueltos.

2. **Establecimiento de Metas:** Escribir tus metas, tanto a corto como a largo plazo, puede proporcionar claridad y motivación. Revisar estas metas con el tiempo puede ayudar a monitorear el progreso y adaptarse a los cambios.

3. **Un Viaje a Través del Tiempo:** Además de documentar el presente, un diario puede convertirse en un valioso archivo de tus pensamientos y sentimientos pasados, ofreciendo una perspectiva única sobre cambios y constantes en tu vida.

Escribir como Refugio:

1. **Un Espacio Seguro:** Un diario puede convertirse en un refugio privado, un lugar

donde puedes expresarte sin juicios, sin temor a ser malinterpretado o criticado.

2. **Catarsis a Través de las Palabras:** A veces, el simple acto de poner palabras en papel puede llevar a una sensación de liberación, permitiéndote liberar tensiones acumuladas o sentimientos reprimidos.

Métodos Innovadores de Escritura Terapéutica:

1. **Poesía y Haiku:** Crear poesía o haikus puede ser una forma alternativa y artística de expresar sentimientos y pensamientos. Estas formas breves y conceptuales pueden capturar la esencia de un momento o un sentimiento en pocas palabras.

2. **Diálogo Interno:** Escribir un diálogo entre el "yo actual" y el "yo futuro" o el "yo pasado" puede ofrecer perspectivas interesantes y ayudar en la toma de decisiones o la resolución de conflictos internos.

3. **Diario Visual:** Integrar la escritura con elementos visuales como dibujos, collages o

fotografías puede enriquecer la experiencia de llevar un diario, haciéndola más estimulante y atractiva.

4. **Mapas Mentales:** Este tipo de escritura, utilizando diagramas y gráficos, puede ayudar a visualizar ideas, conceptos o sentimientos, conectando varios elementos entre sí.

Beneficios a Largo Plazo de la Escritura:

1. **Resiliencia Emocional:** El hábito de escribir regularmente puede aumentar la resiliencia emocional, ayudando a enfrentar desafíos futuros con mayor equilibrio e perspicacia.

2. **Mayor Autoconciencia:** La revisión de entradas antiguas puede revelar patrones recurrentes de comportamiento o reacciones, permitiendo una mayor conciencia y crecimiento personal.

3. **Conexión con los Demás:** Compartir partes de tu diario o escritos con personas de confianza puede crear un nivel más profundo de conexión y comprensión.

Conclusión: El acto de escribir es un viaje, no solo a través de palabras, sino también a través del alma. A través de varios estilos y técnicas, la escritura brinda acceso a nuestro mundo interior, permitiéndonos explorar, comprender y finalmente liberar la mente. En un mundo a menudo abrumado por estímulos externos, la escritura puede convertirse en una brújula que nos guía hacia una mayor claridad y paz interior.

13. Hablar con Alguien

Encontrar un Confidente:

1. **La Importancia de Compartir:** Compartir pensamientos y sentimientos puede proporcionar alivio, ofreciendo una salida y una perspectiva externa. El simple acto de verbalizar lo que nos preocupa puede reducir la intensidad de las emociones.

2. **Quién es un Confidente:** Un confidente puede ser un amigo, un miembro de la familia o cualquier persona en la que confíes. El elemento clave es la capacidad del confidente para escuchar sin juzgar y ofrecer apoyo.

3. **Construir Confianza:** Una relación sólida con un confidente se basa en la confianza y la comprensión mutua. Es fundamental que ambas partes se sientan seguras y respetadas.

4. **Beneficios de Tener un Confidente:** Tener a alguien con quien compartir puede llevar a una mayor claridad mental, reducción del estrés y mejora del estado de ánimo. Además, puede proporcionar una nueva perspectiva o soluciones a problemas aparentemente insuperables.

Beneficios de la Terapia:

1. **Un Entorno Profesional y Neutral:** La terapia proporciona un entorno seguro y neutral para expresar libremente sentimientos y preocupaciones, sabiendo que lo compartido se mantendrá confidencial.

2. **Herramientas y Técnicas:** A diferencia de un confidente, un terapeuta está entrenado para ofrecer herramientas y técnicas específicas para abordar problemas concretos, desde el manejo del estrés hasta la resolución del trauma.

3. **Una Perspectiva Objetiva:** Los terapeutas ofrecen una perspectiva externa y objetiva, ayudando a los pacientes a ver las cosas desde un punto de vista diferente e identificar patrones o comportamientos poco saludables.

4. **Apoyo a Largo Plazo:** Mientras que un confidente puede ofrecer apoyo ocasional, la terapia puede proporcionar apoyo a largo plazo, ayudando a navegar desafíos continuos o problemas arraigados.

5. **Enfoque Personalizado:** Cada individuo es único, y lo que funciona para uno puede no funcionar para otro. Un terapeuta puede adaptar el enfoque terapéutico a las necesidades específicas del paciente.

El Poder del Diálogo Interpersonal:

1. **Reflejo Espejo:** Cuando hablamos con alguien, a menudo recibimos de vuelta lo que hemos expresado, como en un espejo. Este "efecto espejo" puede ayudar a reconocer y abordar sentimientos o pensamientos que de otra manera podrían no ser claros.

2. **Validación Emocional:** Sentirse comprendido y validado puede tener efectos terapéuticos. Reconocer que las emociones son válidas puede ayudar a reducir los sentimientos de aislamiento y soledad.

3. **Los Beneficios de Escuchar Activamente:** Tener a alguien que escuche activamente, es decir, que esté completamente presente y atento, puede ayudar a aclarar pensamientos confusos y hacerte sentir que lo que dices tiene valor.

Grupos de Apoyo y Comunidades:

1. **Solidaridad y Comprensión:** Unirse a grupos de apoyo o comunidades puede proporcionar un sentido de pertenencia. Saber que otros

enfrentan desafíos similares puede ofrecer consuelo y perspectiva.

2. **Aprender a Través de los Demás:** Escuchar las experiencias de los demás puede proporcionar nuevas ideas o enfoques para problemas personales. Las historias de otros pueden inspirar y ofrecer esperanza.

3. **Dar y Recibir:** En tales grupos, no solo recibes apoyo, sino que también tienes la oportunidad de brindar apoyo a otros, creando un ciclo de empatía y comprensión.

Consideraciones sobre la Terapia en Grupo:

1. **Dinámicas de Grupo:** La terapia en grupo ofrece un entorno donde individuos con desafíos similares pueden compartir y aprender juntos. Las interacciones grupales pueden proporcionar valiosas perspectivas sobre la situación de uno.

2. **Múltiples Retroalimentaciones:** A diferencia de la terapia individual, donde la retroalimentación proviene únicamente del

terapeuta, la terapia en grupo ofrece la oportunidad de recibir retroalimentación desde múltiples perspectivas.

3. **Económico:** La terapia en grupo a menudo puede ser más económicamente accesible que la terapia individual.

Tecnologías y Conversaciones:

1. **Terapia en Línea:** Con el advenimiento de las tecnologías digitales, ahora es posible acceder a la terapia de forma remota, lo que permite que cualquier persona con una conexión a Internet encuentre apoyo.

2. **Aplicaciones para el Bienestar Mental:** Se han desarrollado numerosas aplicaciones para ofrecer herramientas de mindfulness, diarios emocionales e incluso chatbots terapéuticos. **Conclusión:** La comunicación, en su núcleo, es una de las herramientas más poderosas para el procesamiento emocional. Proporciona una manera de navegar por las complejidades de la mente y encontrar claridad en medio del caos. A través de diversos modos, tanto personales

como grupales, offline y online, la capacidad de hablar y ser escuchado es un componente fundamental en el viaje hacia la auto comprensión y el bienestar mental. En un mundo cada vez más interconectado, las oportunidades para conectarse y encontrar apoyo son abundantes, ofreciendo esperanza y soluciones a cualquiera que enfrente los desafíos del exceso de pensamiento.

14. Gestión del Tiempo y Organización

Técnicas de Planificación:

1. **El Método de las "Tres P":**

   - **Planificar:** Comienza el día con una lista clara de tareas a completar. Evita sobrecargar la lista; mantenla realista.

   - **Priorizar:** Identifica las tareas más importantes o urgentes y abórdalas primero.

   - **Ritmo (Pace):** Distribuye las tareas a lo largo del día para evitar sentirte abrumado.

2. **Técnica Pomodoro:**

- Esta técnica consiste en trabajar intensamente durante 25 minutos y luego tomar un descanso de 5 minutos. Esto ayuda a mantener una alta concentración y reduce la fatiga.

3. **Calendarios y Planificadores:**

- Utiliza calendarios y planificadores físicos o digitales para hacer un seguimiento de las citas y los plazos.

4. **Planificación a Largo Plazo:**

- Además de la planificación diaria, considera la planificación semanal, mensual o anual para obtener una visión general de los compromisos y objetivos.

Evitar la Procrastinación:

1. **Comprender las Causas:**

- Identifica qué está causando la procrastinación. Podría ser el miedo, el perfeccionismo, la falta de motivación u otras razones personales.

2. **La Técnica de los "Cinco Minutos":**

   - En lugar de pensar en completar una tarea entera, comprométete a trabajar en ella durante solo cinco minutos. Una vez que comiences, es posible que encuentres el deseo de continuar más allá de ese corto período.

3. **Desglose de Tareas:**

   - Divide las tareas más grandes en sub tareas más pequeñas y manejables. Esto hace que comenzar sea mucho menos intimidante.

4. **Crea un Entorno de Apoyo:**

   - Asegúrate de que tu espacio de trabajo esté libre de distracciones. Esto puede implicar limpiar tu escritorio, desactivar las notificaciones o elegir un lugar tranquilo para trabajar.

5. **Recompénsate a Ti Mismo:**

- Establece pequeñas recompensas para ti una vez que hayas completado una tarea o alcanzado un hito. Esto puede servir como motivación adicional.

Técnicas Avanzadas de Planificación:

1. **Mapas Mentales:**

- Estos diagramas visuales pueden ayudar a visualizar tareas, ideas y objetivos, facilitando la organización y la planificación. Al dibujar ramas que se extienden desde una idea central, puedes obtener una visión general de las actividades y las sub tareas.

2. **Método por Lotes:**

- Agrupa tareas similares y complétalas juntas. Por ejemplo, si tienes varios

correos electrónicos para enviar, podrías
decidir hacerlos todos en un bloque de
tiempo.

3. **Revisión Semanal:**

   - Dedica tiempo al final de cada semana
     para reflexionar sobre lo que has
     logrado, lo que no has logrado y
     planificar la semana siguiente. Esto
     puede evitar la sensación de estar
     abrumado por las tareas acumuladas.

Estrategias en Profundidad contra la Procrastinación:

1. **Auto-Compromiso:**

   - Si una tarea parece demasiado grande o
     intimidante, negocia un compromiso
     contigo mismo. Por ejemplo, si no
     puedes comprometerte con una hora de
     estudio intensivo, comprométete con 20
     minutos.

2. **Visualización:**

- Imagina la sensación de haber completado la tarea. Esta perspectiva puede proporcionar un impulso motivacional para comenzar.

3. **Método "Comer la Rana":**

- Este método se basa en la idea de que comenzar el día completando la tarea más desafiante (la "rana") hace que todo lo demás parezca más fácil en comparación.

4. **Análisis Costo-Beneficio:**

- Cuando sientas la tentación de procrastinar, enumera los costos de esa elección y los beneficios de tomar medidas. Esto puede ayudarte a ver las cosas en perspectiva y priorizar las tareas.

Utilizar la Tecnología a tu Favor:

1. **Aplicaciones de Gestión del Tiempo:**

- Existen numerosas aplicaciones diseñadas para ayudar en la planificación, como Trello, Asana o Todoist. Estas aplicaciones pueden ayudar a organizar tareas, establecer recordatorios y realizar un seguimiento del progreso.

2. **Temporizadores y Cronómetros:**

   - Usar temporizadores o cronómetros para establecer límites de tiempo para las tareas puede ayudar a mantener la concentración y evitar la pérdida de tiempo.

3. **Bloqueadores de Distracciones:**

   - Si te distraes con sitios web o aplicaciones, considera utilizar software como "Freedom" o "Cold Turkey" para limitar el acceso a estas tentaciones durante los períodos de trabajo.

Conclusión: El arte de la gestión del tiempo y la organización no se trata solo de herramientas o métodos, sino también de mentalidad. Requiere autoconciencia, reflexión y a veces una dosis de autodisciplina. Si bien las técnicas pueden proporcionar estructura y dirección, el elemento más importante es la intención: un deseo genuino de vivir de manera más intencional y productiva, evitando las trampas del exceso de pensamiento y la procrastinación. Con el equilibrio adecuado de estrategias y la voluntad de aplicarlas, es posible no solo gestionar tu tiempo de manera más efectiva, sino también vivir con una mayor presencia y propósito.

15. Aprender a Abrazar la Incertidumbre

Dejar Ir la Necesidad de Control:

1. **Reconocer la Ilusión del Control Total:**

   - Nadie tiene un control absoluto sobre todos los aspectos de su vida. Reconocer que muchos eventos y circunstancias están más allá de nuestro control puede ser liberador.

2. **Reflexionar sobre el Pasado:**

- Recuerda momentos pasados en los que te preocupaste en exceso por algo y, al final, todo salió bien o aprendiste de la experiencia. Esta reflexión puede ayudarte a relajarte en el presente.

3. **Practicar la Resiliencia:**

- En lugar de tratar de controlar cada situación, desarrolla tu capacidad para adaptarte y responder de manera efectiva a los desafíos. La resiliencia te permite enfrentar la incertidumbre con una mente abierta y flexible.

4. **Define lo que Puedes Controlar:**

- Concéntrate en tus acciones, reacciones y actitudes. Estas son áreas de tu vida donde tienes un control real. Canalizar tu energía en estos aspectos puede ser mucho más productivo.

Vivir en el Presente:

1. **Mindfulness y Meditación:**

- La práctica del mindfulness te anima a centrarte en el momento presente. A través de la meditación, puedes aprender a observar tus pensamientos sin juicio, lo que te permite desconectar de las preocupaciones futuras.

2. **Actividades Inmersivas:**

- Encuentra actividades que capten completamente tu atención, como el arte, la lectura o la jardinería. Estas actividades pueden funcionar como una forma de meditación, anclándote en el presente.

3. **Ejercicios de Anclaje:**

- Cuando te sientas abrumado, prueba técnicas de anclaje. Un ejercicio común es identificar cinco cosas que puedes ver, cuatro que puedes tocar, tres que puedes oír, dos que puedes oler y una que puedes saborear. Esto ayuda a centrarte en el presente.

4. **Reconoce las Bellezas del Momento:**

- Dedica un momento cada día para reconocer y apreciar las pequeñas alegrías y bellezas de tu vida diaria. Puede ser una sonrisa compartida, un paisaje natural o un momento de tranquilidad.

Abrazar la Vulnerabilidad:

1. **Humanidad en la Vulnerabilidad:**

- Reconocer y aceptar tu vulnerabilidad puede ser clave para construir relaciones más profundas y auténticas. Admitir que no tenemos todas las respuestas puede acercar a los demás, ya que revela nuestra auténtica humanidad.

2. **Crecimiento a partir de la Vulnerabilidad:**

- A menudo, las lecciones más profundas de la vida surgen de momentos en los que nos sentimos más vulnerables e inciertos. Estos períodos pueden catalizar un crecimiento personal significativo.

3. **Fortaleza en la Aceptación:**

- Si bien la sociedad a menudo puede asociar la vulnerabilidad con la debilidad, aceptar tu vulnerabilidad puede ser en realidad un signo de una fortaleza increíble. Demuestra la capacidad de enfrentar tus miedos y progresar a pesar de ellos.

Celebrar Pequeñas Victorias:

1. **Pequeños Pasos:**

- Cuando te enfrentas a la incertidumbre, centrarte en pequeños pasos o metas alcanzables puede hacer que una situación abrumadora sea más manejable. Cada pequeña victoria puede aumentar la autoconfianza.

2. **Registro de Logros:**

- Mantener un registro de los logros, incluso los menores, puede proporcionar una fuente de motivación y un recordatorio del progreso realizado, especialmente en momentos de duda.

Revisa tus Expectativas:

1. **Adaptabilidad:**

   - A menudo, la angustia surge cuando la realidad no cumple con nuestras expectativas. Revisar y ajustar tus expectativas para que se alineen con la realidad puede ayudar a reducir la tensión y la frustración.

2. **Expectativas Realistas:**

   - Establece expectativas que tengan en cuenta la realidad y factores imprevisibles. Esto no significa reducir los estándares, sino ser realista y flexible en la forma en que abordas los objetivos.

Establece un Ancla de Serenidad:

1. **Encuentra tu 'Constante':**

   - Incluso en medio del caos, tener una "constante" en tu vida, ya sea una rutina, un ser querido o una práctica personal, puede proporcionar comodidad y estabilidad.

2. **Momentos de Silencio:**

   - Dedica tiempo todos los días, incluso solo unos minutos, para estar en silencio y centrarte. Esto puede servir como una pausa rejuvenecedora y una oportunidad para reconectar contigo mismo.

Conclusión: Vivir en un mundo impredecible requiere un nuevo conjunto de habilidades y una mentalidad. No se trata de prepararse para todas las eventualidades, sino de desarrollar la capacidad de navegar con gracia por las aguas inciertas de la vida. A través de la aceptación, la vulnerabilidad y la aceptación de la incertidumbre, podemos encontrar no solo paz, sino también una profundidad de experiencia y conexión que de otra manera no habría sido posible.

16. El Arte y la Creatividad como Vía de Escape La Expresión como Liberación:

1. **El Arte como Reflejo del Alma:**

   - El arte y la creatividad representan no solo un medio para expresar pensamientos y emociones, sino también para explorar la esencia misma de nuestro ser. A través del arte, podemos sumergirnos en las profundidades de nuestra psique, enfrentar miedos o traumas y encontrar soluciones a dilemas internos.

2. **Canalización de Emociones:**

   - Cuando te sientes abrumado por el exceso de pensamiento, el arte puede servir como un canal para liberar esas energías, transformando pensamientos frenéticos en obras tangibles.

Beneficios Psicológicos y Físicos:

1. **Reducción del Estrés:**

- La creación artística puede inducir un estado similar a la meditación, reduciendo los niveles de cortisol (la hormona del estrés) y promoviendo la relajación.

2. Aumento de la Autoestima:

- Completar una obra de arte proporciona una sensación de logro, fortaleciendo la confianza en uno mismo y en sus propias habilidades.

3. Estimulación Cerebral:

- El arte y la creatividad estimulan el cerebro de formas únicas, promoviendo la neuroplasticidad y mejorando funciones como la memoria, la concentración y las habilidades para resolver problemas.

Encuentra tu Voz Artística:

1. Explora Diferentes Formas de Arte:

- Ya sea la pintura, la escultura, la escritura, la danza, la música o la fotografía, es esencial explorar diferentes formas de arte para descubrir cuál resuena más con tu ser interior.

2. **Crea sin Juicio:**

   - El arte no debe ser una actividad limitada por expectativas o juicios externos. Es una forma pura de expresión personal, y cada individuo debería sentirse libre de crear sin el miedo a ser juzgado.

3. **Cursos y Talleres:**

   - Inscribirse en cursos o talleres locales puede ser una excelente manera de aprender nuevas técnicas, encontrar inspiración y conectarse con otros entusiastas del arte.

Terapia Artística:

1. **Psicología del Arte:**

- Algunos terapeutas utilizan el arte como un medio para ayudar a los pacientes a explorar y expresar emociones que pueden ser difíciles de verbalizar. Esta forma de terapia puede proporcionar una perspectiva única sobre los problemas de una persona y ayudarles a encontrar formas de abordarlos.

2. **Colores y Emociones:**

- Los colores pueden influir profundamente en nuestras emociones. La práctica de elegir intencionadamente colores específicos durante la creación artística puede servir tanto como autoexploración como una forma de influir en el estado de ánimo.

Conexiones Sensoriales en el Arte:

1. **Tacto en la Escultura:**

- Moldear arcilla o esculpir puede ser increíblemente terapéutico. La conexión física con el material permite una forma de expresión que puede ser profundamente liberadora.

2. **Música y Ritmo:**

   - Crear o escuchar música puede influir en nuestro bienestar mental. El ritmo, en particular, puede tener un impacto directo en nuestro estado de ánimo, ofreciendo una forma de meditación en movimiento.

Rituales y Rutinas Creativas:

1. **La Importancia de la Rutina:**

   - Establecer una rutina creativa puede ayudar a proporcionar una sensación de estructura y propósito. Este ritual puede convertirse en un momento sagrado en el día, una oportunidad para desconectar y conectarse consigo mismo.

2. **Espacios Creativos Personales:**

   - Tener un rincón o una habitación dedicada al arte y la creatividad puede fomentar la inspiración. Este espacio puede convertirse en un santuario, un lugar para retirarse y sentirse libre para expresarse.

El Arte en la Vida Cotidiana:

1. **Integrar el Arte:**

   - No es necesario ser un "artista" para integrar el arte en la vida cotidiana. Incluso actividades simples como garabatear durante una llamada o cocinar de manera creativa pueden ser formas de expresarse.

2. **Artes Digitales y Nuevos Medios:**

   - Con el auge de la tecnología, las oportunidades para la creación artística se han expandido. Gráficos, fotografía digital y realidad virtual ofrecen nuevas plataformas para explorar y compartir la creatividad.

Conclusión: El arte es mucho más que un pasatiempo o una profesión; es un lenguaje universal, un vehículo para explorar el ser humano y un medio para conectar con el yo más profundo. A través de la práctica regular y la inmersión en la creatividad, no solo podemos encontrar alivio de las presiones de la vida diaria, sino también descubrir nuevos horizontes de autoconocimiento y crecimiento personal. En un mundo donde el exceso de pensamiento es cada vez más común, el arte emerge como un faro de esperanza, ofreciendo un camino hacia la serenidad y el equilibrio interior.

17. Limitar la Ingesta de Estimulantes La Química de los Estimulantes y el Sistema Nervioso:

1. **Café y Cafeína:**

   - La cafeína es un poderoso estimulante del sistema nervioso central. Aumenta temporalmente la energía y la alerta. Sin embargo, el consumo excesivo puede provocar nerviosismo, insomnio, taquicardia y, en algunas personas, ansiedad o ataques de pánico.

2. **Alcohol:**

- Si bien muchas personas utilizan el alcohol como una forma de relajarse, en realidad puede tener el efecto contrario. Si se consume en exceso, el alcohol puede alterar los niveles de serotonina y otros neurotransmisores en el cerebro, exacerbando la ansiedad y reduciendo la capacidad del cuerpo para manejar el estrés.

3. **Azúcares:**

- Los azúcares refinados, como los que se encuentran en bebidas azucaradas, dulces y muchos alimentos procesados, pueden provocar aumentos y caídas rápidas en los niveles de glucosa en sangre. Estas fluctuaciones pueden llevar a síntomas como nerviosismo, irritabilidad y fatiga mental.

Efectos Acumulativos de los Estimulantes:

1. **Dependencia y Tolerancia:**

- Con el consumo regular de estimulantes como la cafeína, el cuerpo puede desarrollar tolerancia, lo que lleva a las personas a consumir cantidades cada vez mayores para lograr los mismos efectos. Esta dependencia puede empeorar los síntomas de ansiedad y exceso de pensamiento.

2. **Interacción de Estimulantes:**

- Cuando se consumen varios estimulantes juntos, como el café y el azúcar, sus efectos pueden sumarse y amplificarse. Esto puede llevar a una mayor sensación de inquietud y nerviosismo.

Elección de Opciones Saludables y Alternativas:

1. **Tés e Hierbas:**

- Muchos tés, como el té verde, contienen cantidades menores de cafeína en comparación con el café. Además, existen tés de hierbas como el té de

manzanilla y el té de pasiflora conocidos
por sus propiedades relajantes.

2. **Reducción Gradual:**

- En lugar de eliminar abruptamente los
  estimulantes, considera reducirlos
  gradualmente. Esto puede ayudar a
  prevenir síntomas de abstinencia como
  dolores de cabeza o irritabilidad.

3. **Elige Endulzantes Naturales:**

- En lugar de azúcares refinados, considera
  alternativas más naturales como la miel,
  el jarabe de arce o el edulcorante de
  stevia.

17. Limitación de la Ingesta de Estimulantes
Comprensión de la Bioquímica de los Estimulantes:

1. **Adenosina y Cafeína:**

- La cafeína principalmente funciona
  bloqueando los receptores de adenosina
  en el cerebro. La adenosina es un
  neurotransmisor que promueve el sueño

y la relajación. Cuando se bloquea con cafeína, se experimenta una sensación de alerta, pero esto también puede contribuir a sentimientos de ansiedad.

2. **Alcohol y GABA:**

- El alcohol actúa aumentando el efecto del GABA (ácido gamma-aminobutírico), un neurotransmisor inhibidor. Si bien a corto plazo esto puede producir una sensación de relajación, a largo plazo puede alterar la producción y función del GABA, lo que lleva a un aumento de la ansiedad cuando desaparece el efecto del alcohol.

3. **Azúcares e Insulina:**

- El consumo excesivo de azúcar puede causar aumentos rápidos en la insulina. Estos picos y caídas pueden afectar el estado de ánimo y la concentración, predisponiendo al cerebro a ciclos de exceso de pensamiento.

Implicaciones Psicológicas de los Estimulantes:

1. **Alteración de la Percepción:**

   - Los estimulantes, especialmente el alcohol, pueden distorsionar la percepción de la realidad de una persona, lo que dificulta distinguir entre pensamientos realistas e irracionales, alimentando así el ciclo de exceso de pensamiento.

2. **Refuerzo Negativo:**

   - Si una persona depende de estimulantes para manejar el estrés o la ansiedad, puede desarrollarse un ciclo de refuerzo negativo. La persona puede comenzar a creer que necesita el estimulante para sentirse mejor, incluso sin abordar la causa subyacente de su angustia.

Alternativas y Sustituciones:

1. **Agua con Sabores:**

- Si te encuentras consumiendo bebidas azucaradas o con cafeína por el sabor, intenta sustituirlas con agua naturalmente aromatizada con fruta fresca o hierbas.

2. **Tés de Hierbas:**

- Hay numerosas opciones de té sin cafeína que pueden proporcionar sabor sin el efecto estimulante. Tés como el rooibos, la manzanilla o los tés de hierbas a base de menta pueden ser una buena alternativa.

3. **Alimentos Integrales:**

- Reduce los azúcares refinados eligiendo alimentos integrales. Comer frutas, verduras, granos enteros y proteínas magras puede ayudar a estabilizar los niveles de azúcar en sangre y proporcionar energía sostenida.

Los estimulantes pueden tener un profundo impacto en nuestro estado mental. Comprender

cómo funcionan en el cuerpo y sus efectos en nuestra mente puede ayudarnos a tomar decisiones más informadas. Limitar o moderar nuestra ingesta, junto con la adopción de alternativas más saludables, puede contribuir a una mayor claridad mental y a la reducción del exceso de pensamiento.

18. El Poder del Sueño La Importancia Fundamental del Sueño:

El sueño representa un pilar fundamental del bienestar físico y mental. Durante el sueño, el cuerpo se regenera, las células se reparan y el cerebro procesa la información del día, consolidando recuerdos. El sueño inadecuado puede comprometer estas funciones esenciales y dejar a las personas cansadas, irritables y, crucialmente para nuestro tema, propensas al exceso de pensamiento.

Cómo el Exceso de Pensamiento Afecta el Sueño:

1. **Ciclos de Pensamiento e Insomnio:**

   - Cuando la mente está inundada de pensamientos incesantes, conciliar el sueño puede volverse extremadamente difícil. El exceso de pensamiento puede llevar al insomnio o a interrupciones del sueño.

2. **Alteración de las Fases REM:**

- El exceso de pensamiento también puede influir en las fases REM (Movimiento Rápido de los Ojos) del sueño, que son esenciales para la salud mental y la memoria.

3. **Estrés y Cortisol:**

- La ansiedad y el estrés resultantes del exceso de pensamiento pueden llevar a una mayor producción de cortisol, una hormona del estrés, que puede retrasar o interrumpir el ciclo de sueño natural.

Creación de una Rutina de Sueño:

1. **Ambiente Tranquilo:**

- Asegura que tu habitación sea tranquila, oscura y fresca. Invierte en cortinas opacas, utiliza tapones para los oídos o una máquina de ruido blanco si es necesario.

2. **Establece un Horario Regular:**

   - Intenta acostarte y despertarte a la misma hora todos los días, incluso los fines de semana. Esto estabiliza tu reloj biológico interno.

3. **Ritual Previa al Sueño:**

   - Establece un ritual relajante antes de dormir, como leer un libro, escuchar música tranquila, tomar un baño caliente o practicar ejercicios de respiración.

4. **Desintoxicación Digital:**

   - Evita las pantallas brillantes (teléfonos inteligentes, computadoras, televisores) al menos una hora antes de acostarte. La luz azul emitida por las pantallas puede interferir en la producción de melatonina, la hormona del sueño.

5. **Comida y Bebidas:**

- Evita comidas pesadas, cafeína y alcohol antes de dormir. Si bien el alcohol puede hacerte sentir somnoliento, puede interrumpir el sueño durante la noche.

6. **Ejercicio Físico:**

   - La actividad física durante el día puede ayudarte a dormir mejor por la noche. Sin embargo, trata de evitar ejercicios intensos por la noche.

El Sueño y la Salud Cognitiva: El sueño no es solo un "interruptor de apagado" para el cuerpo, sino un período vital de mantenimiento y reparación para la mente.

1. **Procesos Neurológicos:**

   - Durante el sueño, las células gliales en el cerebro eliminan desechos neurológicos, un proceso vital para mantener la salud neuronal y prevenir enfermedades neurodegenerativas como el Alzheimer.

2. **Consolidación de la Memoria:**

   - Durante el sueño, el cerebro "ensaya" la información aprendida durante el día, consolidando recuerdos y moviendo la información de la memoria a corto plazo a la memoria a largo plazo.

3. **Creatividad y Resolución de Problemas:**

   - Muchas personas encuentran soluciones a problemas o ideas creativas después de una buena noche de sueño. Esto se debe a que el cerebro reevalúa y conecta diferentes piezas de información durante las etapas REM del sueño.

Efectos a Largo Plazo de la Privación de Sueño: La falta crónica de sueño puede conducir a una serie de problemas a corto y largo plazo.

1. **Reducción de las Habilidades Cognitivas:**

- La falta de sueño puede reducir la atención, la concentración y la toma de decisiones.

2. **Problemas de Humor:**

- El insomnio crónico puede aumentar el riesgo de trastornos del estado de ánimo como la depresión y la ansiedad.

3. **Debilitamiento del Sistema Inmunológico:**

- La incapacidad para regenerarse durante el sueño puede llevar a un sistema inmunológico debilitado, haciendo que el cuerpo sea más susceptible a enfermedades e infecciones.

Consejos Adicionales para Mejorar la Calidad del Sueño:

1. **Colchón y Almohadas:**

- Invierte en un buen colchón y almohadas para asegurar un soporte adecuado y una posición de sueño adecuada.

2. **Aroma en la Habitación:**

- El uso de aceites esenciales como la lavanda puede crear un ambiente más relajante y promover un mejor sueño.

3. **Terapias de Relajación:**

- Técnicas como la relajación muscular progresiva o escuchar sonidos de la naturaleza pueden ayudar a conciliar el sueño con más facilidad.

4. **Reducción de las Siestas Diurnas:**

- Si te encuentras tomando siestas diurnas frecuentes, esto podría afectar negativamente la calidad del sueño nocturno. Si es necesario, limita las siestas diurnas a 20-30 minutos por la tarde temprano.

Conclusión: Trabajar activamente para mejorar tanto la calidad como la cantidad del sueño puede no solo reducir el exceso de pensamiento, sino también llevar a una mejora general en el bienestar, un aumento en la productividad, claridad mental y una mejor salud física y emocional. Considera el sueño como una inversión en tu salud y bienestar en general.

19. Establecer una Rutina Diaria Los Beneficios de una Rutina:

1. **Predictibilidad y Estructura:**

   - Una rutina proporciona una sensación de normalidad y previsibilidad en la vida diaria, reduciendo la ansiedad y la incertidumbre.

2. **Mayor Eficiencia:**

   - Con una rutina bien establecida, ahorras tiempo y energía mental al no tener que pensar constantemente en qué hacer a continuación. Esto reduce la procrastinación y aumenta la productividad.

3. **Refuerzo de Hábitos Positivos:**

   - Cuando repetimos ciertas actividades todos los días, se convierten en hábitos.

Una rutina bien planificada puede ayudar a establecer hábitos saludables.

4. **Regulación de los Ritmos Circadianos:**

- Una rutina diaria, especialmente una rutina de sueño consistente, puede ayudar a regular los ritmos circadianos del cuerpo, mejorando el sueño y la energía durante el día.

5. **Sentido de Logro:**

- Completar actividades planificadas en una rutina proporciona una sensación de satisfacción y logro, aumentando la autoestima.

Creación de una Rutina Calmante:

1. **Comienza con una Rutina Matutina:**

- Dedica los primeros momentos del día para ti. Esto podría incluir meditación, ejercicios de respiración, actividad física o simplemente leer un libro.

2. **Pausa Relajante para el Almuerzo:**

- Evita trabajar mientras comes. Utiliza este tiempo para un descanso real, quizás dando un breve paseo o haciendo ejercicios de estiramiento rápidos.

3. **Espacio para "Tiempo para Mí":**

- Asigna tiempo todos los días para hacer algo que amas o que te relaje, ya sea escuchar música, tomar un baño caliente o escribir en tu diario.

4. **Desintoxicación Digital:**

- Pasa una o dos horas antes de acostarte sin dispositivos electrónicos. Esto puede reducir la exposición a la luz azul y mejorar la calidad del sueño.

5. **Rutina Nocturna:**

- Esto podría incluir técnicas de relajación como la lectura, la meditación o simples ejercicios de respiración. Establecer una rutina nocturna señala a tu cuerpo que es hora de relajarse y prepararse para un sueño reparador.

6. **Planificación y Reflexión:**

   - Tómate un momento, quizás por la noche o temprano por la mañana, para planificar el próximo día o reflexionar sobre el día que acaba de pasar. Esto puede ayudar a poner las cosas en perspectiva y reducir el exceso de pensamiento.

La Conexión entre la Rutina y la Reducción del Exceso de Pensamiento: El exceso de pensamiento a menudo surge en ausencia de claridad cuando la mente divaga sin rumbo, buscando respuestas o soluciones. Establecer una rutina proporciona un camino claro y definido para el día, reduciendo la necesidad de tomar decisiones constantes y minimizando momentos de incertidumbre.

Profundidad en Rutinas Específicas:

1. **Planificación de Comidas:**

   - Planificar las comidas puede parecer un detalle menor, pero puede reducir la fatiga de decisiones al eliminar la constante pregunta de "¿qué debo comer hoy?" Esto conserva la energía mental y reduce el exceso de pensamiento relacionado con la comida.

2. **Tiempo de Desarrollo Personal:**

   - Incluye un tiempo dedicado al crecimiento personal o al aprendizaje. Esto podría implicar leer un libro, escuchar un podcast educativo o ver un documental. Nutrir la mente puede ayudar a canalizar la energía del exceso de pensamiento en direcciones productivas.

3. **Rituales de Belleza y Cuidado Personal:**

   - Crear una rutina de belleza o cuidado personal puede servir como un momento de meditación. Ya sea cuidado de la piel, una rutina capilar o un baño relajante, estos momentos pueden convertirse en algo sagrado y una oportunidad para conectarte contigo mismo.

4. **Configura Alarmas y Recordatorios:**

- No se trata solo de despertar por la
  mañana. Configurar alarmas para
  recordarte tomar descansos, hacer
  estiramientos o incluso beber agua
  puede asegurarte de que estás cuidando
  de ti mismo y reducir la ansiedad de
  olvidar algo.

5. **Conéctate con la Naturaleza:**

- Si es posible, incorpora tiempo al aire
  libre en tu rutina diaria. Puede ser un
  corto paseo, jardinería o simplemente
  tomar café en el porche. Conectarse con
  la naturaleza ha demostrado reducir los
  niveles de cortisol y promover el
  bienestar mental.

6. **Descanso Reflexivo:**

- Este puede ser un momento en el que
  dejas todo de lado, cierras los ojos y
  simplemente estás presente. Durante

este descanso, verifica cómo te sientes y qué está sucediendo en tu mente.

Flexibilidad en la Rutina: Aunque la idea de una rutina sugiere una estructura rígida, es importante mantener cierta flexibilidad. La vida puede presentar situaciones inesperadas, y puede haber días en los que no puedas seguir tu rutina al pie de la letra. Y eso está bien. El objetivo principal es tener una guía que te ayude a navegar el día con un sentido de intención y propósito, en lugar de reaccionar a varios estímulos y situaciones que surgen.

Ajustes Personalizados y Flexibilidad:

1. **Introduce Variaciones:**

   - Una rutina no tiene que ser rígida. Introducir pequeñas variaciones puede ayudar a mantener las cosas interesantes y atractivas.

2. **Tiempo para la Improvisación:**

- No todo necesita estar planeado hasta el último detalle. Deja espacios en tu rutina para la improvisación y la espontaneidad.

3. **Rutinas Estacionales:**

   - Adapta tu rutina a las diferentes estaciones. Por ejemplo, es posible que desees hacer ejercicio al aire libre en verano y actividades en interiores durante el invierno.

Incorporación de Técnicas de Relajación:

1. **Estiramientos Matutinos:**

   - Un pequeño conjunto de ejercicios de estiramiento por la mañana puede activar tu cuerpo y prepararlo para el día.

2. **Técnicas de Respiración:**

   - Incorpora técnicas de respiración en tu rutina, como durante los descansos, para ayudar a manejar el estrés y la ansiedad.

3. **Visualización:**

- Utiliza técnicas de visualización para prepararte mentalmente para compromisos o eventos desafiantes durante el día.

Evaluación e Iteración:

1. **Revisión Semanal:**

   - Tómate un momento al final de cada semana para evaluar cómo tu rutina está afectando tu bienestar. Realiza los ajustes necesarios para la semana siguiente.

2. **Indicadores de Rendimiento:**

   - Establece Indicadores Clave de Rendimiento (KPIs) para medir la efectividad de tu rutina. Estos podrían incluir niveles de estrés, calidad del sueño o niveles de energía diurna.

3. **Comentarios de Personas de Confianza:**

   - Comparte tu rutina con familiares o amigos de confianza y solicita sus comentarios. A veces, una perspectiva externa puede ofrecer ideas valiosas.

Casos Especiales:

1. **Para Padres:**

   - Si eres padre, incluye momentos específicos en tu rutina para pasar tiempo con tus hijos, relajarte con ellos o participar en actividades educativas.

2. Para Estudiantes: Si eres estudiante, integra tiempo de estudio en tu horario, pero también asigna tiempo para la relajación y las actividades sociales. Una vida equilibrada ayuda a reducir el exceso de pensamiento. **3. Para Profesionales:** Si estás en el mundo laboral, recuerda equilibrar el tiempo en la oficina con actividades que te ayuden a desconectar y relajarte.

Conclusión: Recuerda, tu rutina diaria es única para ti. Es un marco flexible que debe servirte y apoyarte, no un conjunto rígido de reglas a las que debes adherirte a toda costa. Debe evolucionar contigo y tus necesidades, apoyando un equilibrio entre productividad, bienestar y relajación.

20. Conclusión: El Camino a la Calma Reflexionando sobre el Viaje: Hemos recorrido un camino de profunda introspección y descubrimiento. El exceso de pensamiento no es solo un obstáculo mental; puede permear todos los aspectos de nuestras vidas, dificultando nuestro bienestar, relaciones y productividad. Sin embargo, como hemos explorado en cada capítulo, hay herramientas y técnicas a nuestra disposición para abordar y superar esta tendencia. **Puntos Clave:**

- **Comprender el Exceso de Pensamiento:** Hemos profundizado en las causas, manifestaciones y repercusiones de la rumiación excesiva. Reconocer el problema es el primer paso para abordarlo.

- **Estrategias y Técnicas:** Desde la meditación hasta la gratitud, desde el arte hasta la gestión del tiempo, hemos explorado una amplia gama de herramientas que pueden ayudarte a centrar tu mente, calmarla y mantenerla enfocada en el presente.

- **Personalización:** Cada individuo es único, y lo que funciona para una persona puede no funcionar para otra. Hemos enfatizado la importancia de adaptar estas técnicas a tu propia vida y necesidades. **Una Invitación a la Acción:** Ahora que estás armado con conocimiento y herramientas, te alentamos a dar el primer paso, por pequeño que sea. Podría ser dedicar cinco minutos al día a la meditación o escribir tres cosas por las que estás agradecido todas las noches. El viaje para vencer el exceso de pensamiento y abrazar la calma es un proceso, no un destino. **Mirando hacia el Futuro:** El camino hacia la calma es uno de aprendizaje constante y adaptación. Habrá buenos días y días no tan buenos. Pero con cada paso que des, con cada herramienta que apliques, estarás más cerca de una vida más centrada, presente y serena. **Un Pensamiento Final:** Como en cualquier viaje, habrá obstáculos y desvíos. Sin embargo, la determinación, el compromiso y la voluntad de invertir en ti mismo garantizarán tu éxito. Tienes el poder de dar forma a tu realidad mental y vivir una vida libre de exceso de pensamiento. Comienza hoy, un pequeño paso a la vez, y ve hasta dónde puedes llegar. Y con esto, te deseamos paz, serenidad y una mente clara en tu camino hacia la calma. Comienza ahora y abraza cada momento. **Resumen y Recursos Útiles:** En nuestro viaje a través de la comprensión y el manejo del exceso de pensamiento, hemos tocado diversos aspectos clave y técnicas que pueden ayudarte a encontrar calma y claridad en la vida cotidiana:

- **Introducción:** Exploramos la naturaleza del exceso de pensamiento y sus efectos en la salud mental y física.

- **Causas del Exceso de Pensamiento:** Examinamos cómo eventos pasados, el miedo al futuro y el perfeccionismo pueden alimentar ciclos de rumiación excesiva.

- **Conexión Entre el Estrés y el Exceso de Pensamiento:** Analizamos cómo el estrés puede exacerbar el exceso de pensamiento y la respuesta del cuerpo.

- **El Ciclo Negativo del Exceso de Pensamiento:** Descubrimos cómo el exceso de pensamiento puede convertirse en un ciclo auto perpetuante.

- **Reconocer el Exceso de Pensamiento:** Aprendimos a identificar y monitorear signos y síntomas.

- **Meditación y Atención Plena:** Nos introdujeron en la práctica de la atención plena y técnicas de meditación.

- **Respiración Consciente:** Discutimos la importancia de la respiración en el manejo del exceso de pensamiento.

- **La Práctica de la Gratitud:** Destacamos cómo enfocarse en lo positivo puede combatir el exceso de pensamiento.

- **Limitación de Distracciones:** Consejos para crear ambientes propicios para la concentración.

- **Establecimiento de Límites:** La importancia de establecer límites personales.

- **Ejercicio Físico:** Discutimos los beneficios del deporte y la actividad física para la mente.

- **Escribir para Liberar la Mente:** Nos introdujeron en la escritura y la escritura terapéutica.

- **Hablar con Alguien:** El valor de la terapia y confiar en otros.

- **Gestión del Tiempo:** Consejos sobre planificación y evitar la procrastinación.

- **Abrazar la Incertidumbre:** Aprender a vivir en el presente y renunciar a la necesidad de control.

- **Arte y Creatividad:** Discutimos el uso del arte como forma de expresión y afrontamiento.

- **Limitación de Estimulantes:** Analizamos el efecto del café, el alcohol y los azúcares en la ansiedad.

- **El Poder del Sueño:** La importancia del sueño para la salud mental.

- **Rutina Diaria:** Discutimos cómo una rutina puede promover la calma.

- **Conclusión:** Reflexiones finales sobre el camino hacia la calma. **Recursos Útiles:**

- **Mindful.org** - Un sitio web completo sobre la atención plena con artículos, prácticas y cursos.

- **Headspace** - Una aplicación de meditación que ofrece guías y sesiones guiadas para varios niveles.

- **The National Sleep Foundation** - Proporciona información detallada sobre el sueño y consejos para una mejor higiene del sueño.

- **Psychology Today** - Un sitio web donde puedes encontrar terapeutas locales y leer artículos sobre diversos temas relacionados con la psicología.

- **The Minimalists** - Consejos para reducir distracciones y vivir una vida más simple. Te invitamos a explorar estos recursos y continuar tu viaje para mejorar tu vida. Recuerda, cada paso, por pequeño que sea, te acerca a una mente más tranquila y centrada. ¡Buena suerte en tu camino hacia la serenidad y la paz interior!

Te invitamos a explorar estos recursos y continuar tu viaje para mejorar tu vida. Recuerda, cada paso, por pequeño que sea, te acerca a una mente más tranquila y centrada. ¡Buena suerte en tu camino hacia la serenidad y la paz interior.

Notas Personales:

www.ingramcontent.com/pod-product-compliance
Lightning Source LLC
Chambersburg PA
CBHW071959150726
47999CB00001B/495